CARL FRIEDRICH VON SIEMENS STIFTUNG · THEMEN BD. 97

Jan Wagner

Ein Knauf als Tür

Wie Gedichte beginnen und wie sie enden

Herausgegeben von Heinrich Meier

JAN WAGNER

Ein Knauf als Tür
Wie Gedichte beginnen und wie sie enden

Carl Friedrich von Siemens Stiftung
München

Erweiterte Fassung eines Vortrags, gehalten in der
Carl Friedrich von Siemens Stiftung am 20. März 2014.
Der Abend wurde geleitet von Professor Dr. Heinrich Detering,
Präsident der Deutschen Akademie für Sprache und Dichtung.

Inhalt

HEINRICH DETERING

Qualle und Killer
Eine Einführung in das Schreiben Jan Wagners

Sprechen wir vorerst nicht von Jan Wagner. Sprechen wir von Theodor Vischhaupt, von Anton Brant und Philip Miller, drei Verborgenen, deren Spuren ein Herausgeber namens Jan Wagner nachgegangen und deren verschüttetes Werk er wieder freigelegt zu haben behauptet. Derart überzeugend werden sie uns vorgestellt, mit allem, was dazugehört – biographischen Angaben, Fußnoten, Bibliographie –, daß Grund zu der Annahme besteht, sie existierten tatsächlich. Da aber der Band im Buchhandel unter dem Verfassernamen Jan Wagner erhältlich ist, ja sogar als dessen Buch rezensiert worden ist, steht zu befürchten, daß dieser selbst eine Fiktion ist, erdacht von den drei Herren Vischhaupt, Brant und Miller.

2012 allerdings hat dann jemand, der sich als Jan Wagner ausgab, in öffentlichen Vorträgen historisch und systematisch über das Erfinden von Dichtern nachgedacht und über die Werke dieser Dichter, die man dann ja gleich dazu erfinden müßte. Auch über sich selber hat er gelegentlich gesprochen, zum Beispiel in der Selbstvorstellung vor der Deutschen Akademie für Sprache und Dichtung 2010: »Sich vorstellen – das tut man, nicht wahr, zuallererst mit seinem eigenen Namen. Darf ich mich vorstellen, sagt man und läßt jene Kombination von Lauten folgen, die man sich nicht aussuchen konnte und die einem doch in allen Registern bis zum Schluß treu bleiben wird. Mir selbst lag mein Name lange Zeit wie fremd auf der Zunge. … wahr blieb …, daß weder mein Vor- noch mein Nachname sonderlich originell und selbst ihre Kombination in keinem Telefonbuch eine Seltenheit ist. An einem Winterabend in Berlin, als es klingelte und ich zum Hörer griff, wurde aus dieser Gewißheit ein Augenblick geradezu existentiellen Schreckens. ›Hier ist Jan Wagner‹, sagte ich, nur um am anderen Ende der Leitung eine mir unbekannte Stimme antworten zu hören: ›Hier auch‹« (*Die Sandale des Propheten*, S. 209).

Geboren und aufgewachsen ist *dieser* vorgebliche Träger des Namens dort, wo die Hansestadt Hamburg aufhört und Schleswig-Holstein anfängt: 1971 in Ahrensburg, im Schatten eines schönen weißen Schlosses. Er studierte in Hamburg, am Trinity College in Dublin und in Berlin, lebt in Berlin und hat seine Sache ganz auf die Poesie gestellt, als Lyriker, als Lyrik-Kritiker, als Übersetzer von Lyrik aus dem Englischen, u. a. von Charles Simic, Simon Armitage, Matthew Sweeney und James Tate. Denn ein Leben ohne Poesie, das hat er selbst einmal geschrieben, »nein, das ist undenkbar«.

Er ist dafür mit diversen Stipendien und Preisen ausgezeichnet worden, die hier aufzuzählen nicht nötig ist. Die Titel der Bücher aber, die unter seinem Namen erschienen sind, will ich doch nennen. Von 1995–2003 gab er mit Thomas Girst eine Serie von insgesamt elf »Lyrik-Schachteln« heraus, Loseblatt-Anthologien zur zeitgenössischen Weltpoesie, unter dem (zufällig gefundenen) Titel *Die Aussenseite des Elementes*. Mit seinem Dichterfreund Björn Kuhligk unternahm er eine poetische Harzreise, deren Ergebnisse in dem Buch *Der Wald im Zimmer* nachzulesen sind. Mit *Probebohrung im Himmel* erschien 2001 sein lyrisches Debüt, es folgten *Guerickes Sperling* 2004, *Achtzehn Pasteten* 2007 und *Australien* 2010. 2011 veröffentlichte er seine gesammelten Essays zur Poesie, *Die Sandale des Propheten*, und 2012 folgten *Die Eulenhasser in den Hallenhäusern* – verfaßt nicht von Jan Wagner, sondern, wie gehört, von den Herren Vischhaupt, Brant und Miller.

Das heikle Ich – doch, das gibt es oft in all diesen Texten, immer wieder sagt hier jemand oder etwas Ich. Nur ist es nicht ohne weiteres mit Jan Wagner zu verwechseln. Was hier Ich heißt, ist oft weniger Voraussetzung des Gedichts als vielmehr sein Effekt. So wie der Dichter in seinen Versen auch, sogar leitmotivisch wiederkehrend, Tanten, Freunde und Kollegen erwähnt, deren Existenz außerhalb dieser Texte sehr zweifelhaft ist. Dieses Ich zeigt sich, indem es sich verbirgt; »when asked to give your real name / never give it«.

Verborgen zum Beispiel in toten Malern und Dichtern wie Strindberg und Velasquez, in Zirkusartisten und namenlosen Passanten, in Tieren. Ja, auch in Tieren, und dort sogar mit besonderer Vorliebe. Es gibt sehr schöne, genaue, anrührende und einfühlsame Gedichte von Jan Wagner über Murmeltiere und Rohrdommeln, über Austern oder eine Qualle, von der er in dem hier exemplarisch zu zitierenden Gedicht so spricht, als kenne er sie von innen, als sei sie ein Stück von ihm: *Die Qualle*

gefräßiges auge,
einfachste unter den einfachen –
nur ein prozent trennt sie von allem,
was sie umgibt.

stoße dich weiter vor
ins unbekannte: ein brennglas, geschliffen
von strömungen und wellen; eine lupe,
die den atlantik vergrößert.

Um Erkenntnis, Entdeckung, ja Bereicherung und Vergrößerung der Welt geht es, mithilfe der Sonde des Gedichts, das zugleich auch Lupe sein kann oder Teleskop. Vor allem aber: Das so erkenntnislustige Gedicht ist selbst das handelnde Subjekt, das äugend, schmeckend, strudelnd durch die Welt schwimmt, Jan Wagners Gedicht ist wie die Qualle ›ganz Auge‹, und das Gedicht mit seiner Aufforderung »stoße dich weiter vor« in Wahrheit ein Selbstgespräch. Als er 2006 nach seinem Verhältnis zur damals zeitweise modischen »Poesie der Fakten« und nach seiner Ansicht über das Verhältnis von Poesie und exakten Wissenschaften gefragt wurde, hat Jan Wagner geantwortet: Der Lyriker sei ja »per se ein Eklektizist, ein Sammler, der nimmt, was sich ihm bietet, und es mit dem verknüpft, was er bereits hat. Als solcher wird er die Kluft zwischen den Kulturen nicht schließen, kann sie aber bewohnbar machen. Vielleicht auch haben die recht, die sagen, er könne von den Naturwissenschaftlern nicht nur Material erhoffen, sondern sich auch zu einer Präzision des Denkens, des sprachlichen Aufbaus, der genauen Bildbearbeitung ermutigen lassen, die eine gefühlige Schwammigkeit von vornherein ausschließen« (*Die Sandale des Propheten*, S. 54).

So sehen wir ihn selbst, den realen Autor, in den Rollen- und Maskenspielen seiner Verse nur so, wie wir im Thriller von David Lynch den Killer sehen: indem wir aus dem Blick, den wir unter dem Zwang der Kamera teilen, rückschließen auf den Menschen, dem diese Augen gehören müssen. Er selbst hat in seiner Münchner *Rede zur Poesie*, im Lyrik Kabinett, die Lyrik mit dem Kriminalroman verglichen, das Gedicht und die Aufklärung eines Verbrechens. Beiden gemeinsam sei, so sagt er, unter anderem das Vergnügen am Denken, an der Denk-Aufgabe, die zugleich ganz Spiel ist und in der es doch um Leben und Tod geht. Und die uns lehrt, die Welt, die wir zu kennen glauben, für die Dauer der Lektüre aus den Augen von Leuten zu sehen, die wir nicht sind und im wirklichen Leben auch niemals sein wollen: Qualle oder Killer.

Gedichte sind Instrumente der Entautomatisierung, hat der russische Dichter und Theoretiker Viktor Šklovskij zu Beginn des 20. Jahrhunderts geschrieben. Wir dichten, sagt er, damit »der Stein wieder steinern wird«, damit wir das, was uns umgibt, sehen und nicht bloß wiedererkennen. In einem frühen Essay unter dem mit fast religiösem Pathos auftretenden Titel *Die Erweckung des Wortes* (1914) beklagt er: »Wir haben die Empfindung der Welt verloren; wir sind wie der Geiger, der den Bogen und die Saite nicht mehr fühlt, wir sind nicht mehr Künstler unseres Alltags, wir lieben unsere Häuser und unsere Kleider nicht und trennen uns leicht von einem Leben, das wir nicht empfinden. Nur die Schaffung neuer Formen in der Kunst kann dem Menschen das Erlebnis der Welt zurückgeben, die Dinge erwecken und den Pessimismus töten.« Das könnte, das Pathos abgerechnet, beinahe von Jan Wagner sein.

Denn der zitiert an der einen Stelle zustimmend Ezra Pounds in dieselbe Richtung weisenden Imperativ »Make it new!« und an anderer die nur scheinbar widersprechende Forderung Robert Frosts, das Gedicht solle seinen Lesern nichts Neues zeigen, sondern das, was sie schon kennen – was sie aber eben nur wiedererkennen und nicht sehen.

Damit aber die Sehweise anders wird, damit wir die Empfindung der Welt wiederfinden, muß die Sprechweise anders werden. Die Poesie ist nicht nur ein, sondern das einzige Mittel, die Sprache in Bewegung und damit unsere sprachlich konditionierten Wahrnehmungen und Denkweisen am Leben zu erhalten; dies ist ihre ›Bestimmung‹, als Begriff wie als Aufgabe. Poesie ist darum nicht nur ein Lebens-, sie ist ein Überlebensmittel. Ohne sie hört der Stein auf, steinern zu sein, ohne sie verliert der Frühling sein Aroma, ohne sie verlieren die Vokale ihre Farben.

Spinnefeind ist der Jan Wagner, dessen literarisches Credo ich damit hoffentlich einigermaßen zusammengefaßt habe, dem Dogmatismus und der Etikettierung von Schulen, Bewegungen, Gruppen, den Verboten und Ausschlußverfahren. In einem Essay über die junge deutsche Gegenwartslyrik hat er bemerkt, es sei »nicht länger Glaubenssache, auf welche Schule man sich beruft«. Und er hat, entschieden zustimmend, hinzugefügt: »Über fast die gesamte jüngere Lyrik … ließe sich sagen, was Émile Zola einst über den experimentellen Roman bemerkte: Sie bewegt sich *du connu à l'inconnu,* ins Unbekannte, Unerhörte, Neuartige, wohin jedes gelungene Gedicht zielt, immer schon zielte.«

Das »Unbekannte, Unerhörte, Neuartige, wohin jedes gelungene Gedicht zielt« – das ist die uns vermeintlich schon bekannte Welt. Und so können auch die Instrumente des Vorstoßes die sehr alten Formen sein. Nur dürfen sie nicht pedantisch reproduziert werden. Gelingt es aber, sie ihrerseits aufzufrischen, zu verfremden, dann kommen so wunderbare, so schöne und welterschließende Gebilde heraus wie seine Villanellen und sein kompletter Sonettenkranz, seine Oden und Sestinen. Und etwa auch der Reim?

Ja, auch der Reim. Nur etwas anders, als wir ihn erwarten. Denn auch der Umgang mit ihm folgt der Maxime »Make it new!«

Das, was man in der angelsächsischen Welt *slant rhymes* nennt, ist für Jan Wagner elementarer Ausdruck und Grundbaustein dieser auffrischenden Begegnung der Gegenwart mit den Traditionen. Als »Reim in Schräglage« übersetzt Jan Wagner den Ausdruck, und er verbindet ihn mit den Halb- und »Parareimen« – für die er auch sogleich wunderbare Beispiele gibt (seine eigenen Gedichte sind voll davon, sie sind ihr auffallendstes Merkmal): »wie steht es«, fragt er seine gegenüber dem Reimen argwöhnischen Leser, »mit Konsonanzen ..., bei denen ... nicht die Vokale der Partnerwörter, sondern ihre Konsonanten entscheidend sind ...?« So reimt er zu Anschauungszwecken »Holz« nicht nur auf »Stolz«, sondern auch auf »Hals« und entdeckt – ein wunderbar virtuoses und spielfreudiges Beispiel – die »Konsonanten- und Lautfolge b-l-m-r-t-s« sowohl in dem Wort »belämmertes« als auch, genau identisch, in den Worten »Blaue Mauritius«, welch ein Reim! Und wir müssen nur, dazu ermutigt er uns ausdrücklich, »etwas mehr Beweglichkeit in den Buchstabengelenken« trainieren, und »schon finden Sensen zu Pferdebremsen, Alabaster zu Wasser ... Kohle auf Koala, Locken auf Laokoon und Papier auf Papaya.« Der schönste dieser Wagnerschen Reime, das jedenfalls fanden meine Studenten neulich, ist »Uppsala« auf »Obstsalat«.

Und notabene – wenn er will, reimt er klassisch rein und glatt, daß auch dies eine Lust ist, weil ja auch der *slant rhyme* nicht zum neuen Automatismus werden darf. In einem Rollen-Gedicht, das sich mit Shackletons Polarexpedition auf einer einsam treibenden Eisscholle durch tödliche

Kälte und Erstarrung bewegt, heißt es etwa: »es frisst sich von den rändern bis zum herzen / der scholle stetig vor. dort kauern wir, / vom ruß verklebt, wie lettern nach dem schwärzen. / die blanke fläche. dieses blatt papier.« (Es sind die letzten Worte seines Gedichtbuchs *Guerickes Sperling*.)

Weil dieser Vorrat an Spielformen in den Jahrhunderten und Jahrtausenden der Weltpoesie so unerschöpflich ist und weil er sich jederzeit weiter entwickeln, weiter transformieren läßt: deshalb geht es Jan Wagner, noch einmal mit seinen eigenen Worten, um »die genaue Kenntnis der Tradition, der Traditionen, die technisches Unvermögen und Naivität vermeiden hilft, und die Unverkrampftheit im Umgang mit einst unvereinbaren Gegensätzen, die zu einer neuen Offenheit und Spielfreude geführt hat.« Ob das für das ganze weite Feld der jüngeren deutschen Lyrik gilt, weiß ich nicht (möchte aber gern Jan Wagners Optimismus folgen). Auf seine eigene Dichtung aber paßt es wie angegossen.

Auch die auf den ersten Blick bloß *ver*spielten Anagramm-Gedichte Theodor Vischhaupts, mit dem wir anfingen – wir erinnern uns, er ist der Erfinder Jan Wagners –, zeigen auf den zweiten Blick, wie sich das Experimentieren mit nichts als dem reinen Buchstabenmaterial zu einem Instrument der sprachlichen Welterschließung machen läßt. Eine Ausgangszeile legt die Buchstaben fest, aus denen dann jede weitere Zeile durch Umstellungen hervorzugehen hat; eine strikt mechanische Regel also – und was für ein Zauberstab in den Händen dieses Magiers! So lautet beispielsweise ein erster Vers: »Mein Herz ist ein Doge, gefangen in seiner Pracht.« Und dann eröffnet die Serie der Vertauschungen und Umstellungen uns Einsichten in Märchen- und Traumwelten, die uns bislang verschlossen waren und in die wir nun verwirrt und bezaubert hineinschauen:

> Mein Herz ist ein Doge, gefangen in seiner Pracht,
> Ein Herr mit eigenen Zofen, dreißig Nachtpagen …
> Gemeine Hofnarren, innig scherzend, Tipigäste,
> Einige gern ringende Zampanos, ihr Teint fesch,
> Zartere Geishas, Nieten-Doggen in Mini-Pferchen …
> Mein Herz ist ein Doge, in seiner Pracht gefangen.

So gefangen wie die Sprache in diesem Anagramm-Kerker, und zugleich so grenzenlos frei. Denn die Welt, die durch diese zugleich artistische und (der Ausdruck sei erlaubt) demütige Poesie entdeckt wird, die für uns durch diese Poesie zu entdecken ist: diese Welt hat in der Tat keine Grenzen. Wer mit zwei einsamen Windrädern eine »probebohrung im himmel« vornehmen kann, der kann sich auch mit derselben staunenden Neugier hinunterbeugen zum Fenchel – dem im selben Band ein Gedicht gewidmet ist – oder beim Waldspaziergang einer Schar von Champignons begegnen, als sehe er sie zum ersten Mal und als seien sie fremde Ritter, die ihm auf seiner Aventiurenfahrt begegnen.

Wenn diese poetische Qualle, Jan Wagners zart schwebende Schutzheilige, die ganz Brennglas, ganz Auge ist, in die Gewässer ewig lichtloser Höhlen eintaucht, dann sieht sie mit nicht nachlassendem Staunen auch noch den Grottenolm, dieses armseligste aller Tiere: als ein Wesen, das sich ganz aus der Welt zurückgezogen hat, augenlos und in sich ruhend. Und noch ihn, das genaue Gegenteil ihrer selbst, sieht Jan Wagners poetische Qualle mit einem Staunen, das mit Liebe leicht zu verwechseln ist. Da beide, Qualle und Olm, die beiden Enden des Erlebens-Spektrums markieren, das diese Gedichte umfassen, sollen auch diese Verse zitiert werden:

in einem reich ohne licht
und ohne farben, ohne wind,
sitzt der olm, der keine feinde
außer der sonne hat, zarter als die arbeit
von glasbläsern ist, kaum schwerer als ein brief
und leichter als ein schluck wasser.
weiß er nichts von unserer welt
oder weiß er alles? mit einer haut,
so durchlässig, dass sie nichts verwehrt
und alles aufnähme an giften,
an reichtümern, beschränkt er sich
aufs wenige, verzichtet aufs essen,
sogar auf den eigenen schatten.

Es ist schon einige Jahre her, daß Jan Wagner zusammen mit Björn Kuhligk die vieldiskutierte Sammlung *Lyrik von Jetzt* herausgab (2003 und 2008). Aber noch immer gilt seine Neugier, seine Offenheit, seine Liebe zur Poesie den unterschiedlichsten Formen des Schreibens. Weil er so weit geöffnete Augen hat, darum hat er auch ein so bemerkenswert weites Herz. Seine Freude, seine Dankbarkeit dafür, daß es das alles (und daß es all diese Gedichte und Stimmen und Schreibweisen) gibt, seine Feier der Vielfalt (die Kritik und Skepsis nicht ausschließt, sondern im Gegenteil voraussetzt: nur wer die Spreu vom Weizen so sicher trennen kann wie er, kann dann den Weizen so schmackhaft zubereiten): diese Freude und Dankbarkeit sind ansteckend.

Ich sage das aus Erfahrung: Wer Jan Wagner liest, der ist schon dabei, sein Leben zu ändern. Denn er lebt in seiner eigenen Welt, als sei sie ganz neu, fremd und voller Wunder. In seiner schon zitierten Selbstvorstellung vor der Deutschen Akademie hat er seinen realen Nachnamen an dessen Etymologie angeknüpft: den *Wagenmacher.* Also, nehmen wir Platz hoch auf Jan Wagners Wagen und lassen uns hineinkutschieren in die unbekannte Welt.

JAN WAGNER

Ein Knauf als Tür
Wie Gedichte beginnen und wie sie enden

Aller Anfang mag schwer sein, doch gilt dies, zumindest was das Verfassen von Gedichten betrifft, auch, vielleicht mehr noch, für den Schluß. Denn während der Ursprungsgedanke eines Gedichts uns oft genug als Geschenk überrascht, beginnt die Arbeit erst danach, erweist sich mit der allerletzten Zeile, ob man geeignet als Empfänger war oder nicht. »Den ersten Vers gewährt uns der Liebe Gott / die Muse / umsonst. An uns ist es, den zweiten zu machen, der mit diesem reimen muß und seines Bruders – des übernatürlichen, nicht unwürdig sein darf.«[1] So drückt es Paul Valéry aus, der wie immer Wahres spricht, selbst wenn man Wörter wie Inspiration oder Muse durch die Laune, den plötzlichen Einfall zu ersetzen vorzöge. Vor einigen Jahren war ich im Ostwestfälischen zu Gast: Es war Hochsommer, und obwohl es draußen bereits dunkelte und die hohen Fenster der Aula weit offen standen, war die Schwüle schier unerträglich – wir, drei Lyriker, schwitzten einträchtig auf dem Podium. »Wie entsteht eigentlich ein Gedicht?«, so lautete die Frage, die seit Minuten im Raum hing, während die Perlen im Mineralwasser träge aufstiegen, die Luft kaum

1 Paul Valéry: *Cahiers/Hefte* (Band 6). Frankfurt am Main 1993, S. 227.

zu atmen war und die Hemden an den Leibern klebten – als plötzlich, in die drückende Stille hinein, ein dicker Käfer von draußen hereinflog, brummend, knatternd über den erschöpften Köpfen und den roten Gesichtern kreiste, noch eine elegante Schleife anfügte, und dann, ganz mit sich und seinem Käfersein im Reinen, ungeachtet aller drängenden poetologischen Fragen, zurück durchs Fenster und in die Nacht hinaus flog, als wollte er damit sagen: So entsteht ein Gedicht.

Wie Gedichte beginnen und wie sie enden: Diese Frage läßt sich auf zweierlei Art verstehen; und gerade was den Ursprung des Gedichts betrifft, den kreativen Impuls, gibt es so viele Ansichten, wie es Dichter gibt – die dazu höchst individuelle Rituale entwickelt haben, um Pegasus und dem Zufall auf die Sprünge zu helfen. Einer ließ gelegentlich Musiker im Nebenzimmer spielen, um in die richtige Stimmung zu finden, ein anderer stand um vier Uhr in der Frühe auf, um im Schlafrock durch die Wiesen zu wandeln, während ein verschlafener Hausdiener ihm Wasserflasche und Glas auf einem Tablett hinterhertrug; einer empfindet bereits den Anblick eines leeren weißen Blattes als stimulierend, und ein vierter vertraut auf längere Überlandfahrten im Auto, während deren er die Zeilen mit den Fingern rhythmisch aufs Lenkrad zu klopfen beginnt. So rätselhaft der Prozeß selbst aber bleibt, so vertraut ist wohl jedem Lyriker jener Zustand gespannter Erwartung, in dem alles möglich, nichts gewiß ist, das Wunderbare aber erhofft werden darf. Man hat diese Phase als »tantalizing vagueness« umschrieben, als quälende Ungewißheit also; es entgeht ihr wohl nur, wer, wie der englische Romantiker Samuel Taylor Coleridge, das gesamte Gedicht, nicht nur den ersten Vers im Traum empfängt: Im Sommer des Jahres 1797 hat

Coleridge sich aus gesundheitlichen Gründen in ein einsames Gehöft im Südwesten Englands zurückgezogen. Die Luft ist gut zwischen Somerset und Devonshire, Coleridge sitzt in die Lektüre eines Buches vertieft und hat ein Schlafmittel zu sich genommen – es handelt sich, was er verschweigt, um Opium, dem Coleridge wie eine ganze Reihe prominenter Zeitgenossen nicht abgeneigt war. Alsbald stellt die Wirkung sich ein: Coleridge entschlummert just, als vom legendären Mongolenkaiser Kubla Khan und seiner prächtigen Palastanlage die Rede ist. Was nun geschieht, ist erstaunlich: Coleridges Schlaf währt drei Stunden, und in dieser Zeit träumt er nicht nur die Geschichte vom Bau des fernöstlichen Märchenschlosses, sie stellt sich ihm in vollendeten Versen dar – zumindest erwacht der Poet und hat, wie er sagt, ein Gedicht von zweihundert bis dreihundert Zeilen Länge memoriert. Er greift zu Tinte und Papier, beginnt eilig mit der Niederschrift, als es plötzlich an der Tür klopft. Herein tritt die Gestalt, die als mysteriöse »person from Porlock« in die Literaturgeschichte eingegangen ist und den Dichter in ein einstündiges Gespräch verwickelt – zu lange, denn im Anschluß an die Unterbrechung hat Coleridge den Rest des Gedichts vergessen. Was übrigbleibt, ist ein hochmusikalisches Fragment von fünfzig Zeilen, das zu den Höhepunkten der Romantik zählt:

> In Xanadu did Kubla Khan
> A stately pleasure-dome decree:
> Where Alph, the sacred river, ran
> Through caverns measureless to man
> Down to a sunless sea.[2]

2 Samuel Taylor Coleridge: *Selected Poems.* London und Edinburgh (um 1924), S. 47.

Lektüre und Traum als Inspiration, Drogen als Hilfsmittel – sie alle haben eine lange Tradition, doch ist es immer wieder kein mongolischer Herrscher, sondern ausgerechnet das Naheliegendste, das Unscheinbare, das sich als lebhaft sprudelnder poetischer Quell erweist. Der Dichter Robert Lowell benennt diese simple Wahrheit in einem Gespräch: »Es kommt vor, daß du einen Türknauf stärker empfindest als ein großes persönliches Ereignis, und dieser Türknauf weitet sich derart, das du ihn als etwas ganz Eigenes benutzen kannst. [...] Irgendein kleines Bild, irgendein Detail, das dir aufgefallen ist – du widmest dich einem kleinen Dorfladen auf dem Land, beschreibst ihn einfach nur, und dein Gedicht endet als existentialistische Schilderung deiner eigenen Erfahrung. Der Dorfladen aber war der Anfang.«[3] Wo, wie bei Lowell, etwas Alltägliches wie der Knauf einer Tür am Anfang steht, mehr noch: der Knauf selbst zur Tür ins Gedicht hinein wird, darf man hoffen, daß es mit der quälenden Ungewißheit bald vorbei ist.

Bedenken wir aber, daß Dichter zum Mythisieren des eigenen Schreibens neigen, man also nie sicher sein kann, wo der ehrliche Arbeitsbericht in die Selbstdarstellung übergeht, daß jedenfalls der Blick auf das eigene Schaffen von Begeisterung, Wehmut, Größenwahn getrübt sein kann. Man erinnere sich an jenen französischen Dichter, der ein berühmtes Sonett im Überschwang, beim Ritt durch einen mondbeschienenen Wald komponiert zu haben behauptete – und in dessen Schreibtisch man nach seinem Ableben ganze Stapel über und über korrigierter Bögen zu eben jenem Sonett entdeckte. Es ist eben manchmal wie mit

3 Robert Lowell: *An Interview with Frederick Seidel*, in: *Collected Prose*. New York 1987, S. 266.

dem Bild, das Louis-Edouard Fournier 1822 von der Totenwache des Romantikers Percy Shelley malte, nachdem dieser tragischerweise und viel zu jung vor der toskanischen Küste ertrunken war: Wir sehen einen Strand mit dem leblosen, aber noch immer anmutigen Shelley, wir beobachten die Dichter Lord Byron und Leigh Hunt, die ins Gespräch vertieft sind, und davor, kniend, die Witwe des Poeten, Mary. Die Szene ist dramatisch, doch verhielt es sich in Wirklichkeit ein wenig anders: Shelleys Körper war nach Tagen im Meer bereits stark verwest, war von Fischen angefressen und insgesamt in einem solch entsetzlichen Zustand, daß man ihn, den gesetzlichen Bestimmungen folgend, eilig im Sand verscharrte und später abholen ließ; Leigh Hunt blieb vorsorglich in der Kutsche sitzen, Mary Shelley befand sich zum fraglichen Zeitpunkt nicht in Italien, sondern weit weg in England, und Lord Byron spazierte gelangweilt am Strand auf und ab, entschied sich schließlich, baden zu gehen und schwamm zu seinem Segelschiff, der *Bolivar*, hinaus, wobei er sich einen schmerzhaften, aber ganz und gar verdienten Sonnenbrand holte. Nein, es wird klüger sein, sich auf das zu konzentrieren, was schwarz auf weiß vor uns liegt, auf die Gedichte selbst also, deren erste und letzte Zeilen nun genauer betrachtet werden sollen.

* * *

Angesichts der Unsicherheit, die jedem Anfang innewohnt, ist es mehr als verständlich, daß eine der geläufigsten Arten, ein Gedicht beginnen zu lassen, die Anrufung der Götter ist – eben jener Mächte also, deren Beitrag zum guten Gelingen man erhofft. »Singe den Zorn, o Göttin, des Peleiaden

Achilleus«,[4] so läßt schon Homer seine *Ilias* anrollen, und nur der Auftakt der *Odyssee* – »Sage mir, Muse, die Taten des vielgewanderten Mannes«[5] – dürfte bekannter sein. Zwar stammt diese Fürbitte bei einer überirdischen Instanz aus Zeiten, in denen die direkte Verbindung zwischen Poet und Gottheit noch selbstverständliche Arbeitsgrundlage war, doch wendet auch Hölderlin sich noch direkt an die Parzen. Und selbst da, wo nicht ausdrücklich Musen und Götter beschworen werden, wird dem Adressaten ein nahezu gottgleicher Status zugestanden: »Schön ist, Mutter Natur, deiner Erfindung Pracht«, so beginnt Klopstocks Ode auf den »Zürchersee«;[6] Baudelaire ruft die Schönheit an,[7] und sein Landsmann Henri Michaux wendet sich an ein übermächtiges Schicksal, das ihm nichts Gutes verheißt: »Unglück, du mein großer Pflüger«.[8] Die Bitte, das Gedicht erfolgreich zum Abschluß kommen zu lassen, ist hier schon nicht mehr ausdrücklich formuliert, schwingt aber doch mit, und die Invocatio, die Anrufung des Allerheiligsten also, bleibt auch im zwanzigsten Jahrhundert fester Bestandteil des lyrischen Repertoires, auch da, wo sie gebrochen und entweiht nurmehr Apostrophe ist – ein Wort, das ursprünglich »Abwendung« bedeutete, in der Praxis aber einer Hinwendung gleichkommt. Darf Klopstocks Natur noch als allumfassende Gottheit gelten, so

4 Homer: *Ilias.* München 1990, S. 5.

5 Homer: *Odyssee.* München 1990, S. 441.

6 Friedrich Gottlieb Klopstock: *Werke in einem Band.* Berlin und Weimar 1984, S. 31.

7 Charles Baudelaire: *Les Fleurs du Mal. Die Blumen des Bösen.* Frankfurt am Main 1962, S. 41.

8 Henri Michaux: *Rast im Unglück,* in: Hans Magnus Enzensberger (Hg.): *Museum der modernen Poesie.* Frankfurt am Main 2002, S. 423.

konzentriert sich schon Hölderlin auf einen überschaubaren und greifbaren Teil dieser Natur, wenn er die wilden Eichbäume anspricht: »Aus den Gärten komm' ich zu euch, ihr Söhne des Berges!«[9] Immer öfter sind es nämlich die ganz konkreten Einzelerscheinungen, die zum Gegenstand und, wenn auch implizit, zum Garanten des Gedichts werden: »Daß du noch schwebst, uralter Mond?«, fragt Peter Huchel in seiner »Sternenreuse«,[10] und »Schöner See, Wasseraug« beginnt ein Gedicht Sarah Kirschs.[11] Daß aber noch der geringste Aspekt der sichtbaren Welt eine Verneigung verdient, nicht nur Wolken, Wasser und Mond, beweist Pablo Neruda, der mit den Worten »Zwiebel,/leuchtende Phiole« zur berühmtesten seiner elementaren Oden ansetzt;[12] und Eugenio Montale, der schon den Aal als Meeressirene besungen hat, schenkt seine Aufmerksamkeit einem Wesen, das im Gegensatz zu Nachtigall, Amsel und Lerche keinen Nistplatz in den Dichterstuben sicher hat: »Wiedehopf, munterer Vogel, geschmäht von den Dichtern«, so zärtlich nimmt sich die Stimme Montales aus.[13] Dabei ist es nicht nur Natürliches, sondern auch Menschengemachtes, dessen man sich versichert, ob es sich, wie bei Keats, um eine griechische Vase handelt,[14] um Goethes römische Steine[15] oder um eine Stadt, wenn Hölderlin sein

9 Friedrich Hölderlin: *Sämtliche Werke und Briefe* (Band 1). München 1992, S. 180.

10 Peter Huchel: *Die Gedichte.* Frankfurt am Main 1997, S. 83.

11 Sarah Kirsch: *Sämtliche Gedichte.* München 2005, S. 38.

12 Pablo Neruda: *Gedichte.* Frankfurt am Main 1971, S. 203.

13 Eugenio Montale: *Gedichte 1920–1954.* München 1987, S. 459.

14 John Keats: *Selected Poems.* London 1988, S. 167.

15 Johann Wolfgang von Goethe: *Werke* (Band 1). Hamburg 1948/1952, S. 157.

Heidelberg besingt.[16] »Wilna, du reifer Holunder!«, ruft seinerseits Johannes Bobrowski hundert Jahre später einer geliebten Metropole zu.[17]

Was bliebe zu ergänzen nach diesen Anrufungen von Göttern, Himmelsphänomenen, Gegenständen, nach einer Liste, die sich um Kieselsteine, Sumpfdotterblumen, Ameisen, Blauwale und allerlei anderes, ja um alles erweitern ließe, was wäre hinzuzufügen denn das Selbstverständlichste? Denn die vertraute Anrede einer anderen Person, die Rede eines Ichs an ein Du, ist, zumal im Liebesgedicht, die erwartbarste und populärste lyrische Geste. Daß es sich dabei nicht um einen Menschen handeln muß, beweist Rilkes Zwiesprache mit Gott selbst. Noch erstaunlicher ist: Die Person, selbst wenn das Gespräch nicht über den Wolken, sondern auf Erden stattfindet, muß nicht einmal existieren, um ansprechbar zu sein, sie muß auch nicht länger unter den Lebenden weilen; Walt Whitman jedenfalls, jener bärtige Urvater der amerikanischen Poesie, war schon lange tot, als Allen Ginsberg ihn in einem kalifornischen Supermarkt zwischen der Tiefkühlkost und den Erbsenschoten erspähte und in vertrautem Ton ansprach: »What thoughts I have of you tonight, Walt Whitman«.[18] Auf eine Erwiderung hoffen durfte er freilich nicht, und sie bleibt paradoxerweise sogar im Liebesgedicht aus, dieser intimsten und doch öffentlichen Hinwendung. »Ich denke dein, wenn mir der Sonne Schimmer / Vom Meere strahlt«, hebt Goethe an;[19] »Deine Seele, die die meine liebet / Ist verwirkt mit ihr

16 Friedrich Hölderlin: *Sämtliche Werke und Briefe* (Band 1). München 1992, S. 252.

17 Johannes Bobrowski: *Die Gedichte.* Stuttgart 1998, S. 21.

18 Allen Ginsberg: *Collected Poems 1947–1985.* London 1987, S. 136.

19 Johann Wolfgang von Goethe: *Werke* (Band 1). Hamburg 1948/1952, S. 157.

im Teppichtibet«, schreibt Else Lasker-Schüler;[20] »Oh Du, Geliebte meiner 27 Sinne, ich liebe Dir!« ruft Kurt Schwitters seiner Anna Blume zu,[21] doch von einem imaginären Gegenüber ist keine Antwort zu erwarten. Es ist ja wie immer am Leser, an die Stelle des Du zu treten, und an ihm ist es auch, dem Sprecher die eigene Stimme zu leihen, jenem Ich, das so oft ganz am Anfang von Gedichten zu finden ist, ja, als oft erstes Wort des Gedichts eine geradezu physische Gegenwärtigkeit behauptet, so schon bei Walther von der Vogelweide: »Ich saz uf eime steine«.[22] »Ich steh auf hohem Balkone am Turm«, so setzt Annette von Droste-Hülshoff ein.[23] »I wandered lonely as a cloud«, heißt es bei William Wordsworth,[24] und Brecht schließlich präsentiert den ganzen, ausgeschriebenen Namen: »Ich, Bertolt Brecht, bin aus den schwarzen Wäldern«.[25] Das Ich im Gedicht mag immer ein äußerst fragwürdiges sein; vielleicht aber ist keine Verkleidung so raffiniert wie die Maske des Verfassernamens, den dieser dem Sprecher des Gedichts anzunehmen gestattet?

Verzwickte Fragen, die sich weniger dringlich stellen, sobald der Dichter einen Anfang wählt, der alt ist wie die Literatur selbst, wie der Wunsch also, sich ans Feuer zu setzen oder die Decke bis zum Kinn zu ziehen und einer Geschichte zu lauschen. Auch der auf einem Steine sitzende

20 Else Lasker-Schüler: *Gesammelte Werke* (Band 1). München 1961, S. 164.

21 Kurt Schwitters: *An Anna Blume*, in: Wulf Segebrecht (Hg.): *Das deutsche Gedicht*. Frankfurt am Main 2005, S. 362.

22 Walther von der Vogelweide: *Gedichte*. Frankfurt am Main 1962/1978, S. 124.

23 Annette von Droste-Hülshoff: *Sämtliche Gedichte*. Frankfurt am Main und Leipzig 1998, S. 78.

24 William Wordsworth: *The Major Works*. Oxford 1984, S. 303.

25 Bertolt Brecht: *Die Gedichte*. Frankfurt am Main 2000, S. 96.

Walther und der wolkengleich durch den Lake District ziehende Wordsworth bedienen sich eines erzählerischen Einstiegs, doch ist es keineswegs zwingend, daß der Erzähler sich zu erkennen gibt. Bei Goethe bleibt er mit den Worten »Es war ein König in Thule« hinter dem Textvorhang verborgen;[26] in Brechts »Erinnerung an die Marie A.« wiederum spricht zwar ein Ich, doch beginnt auch dieses Gedicht mit dem Verweis auf eine schon längst verflossene Zeit: »An jenem Tag im blauen Mond September«.[27] Dieser für Erzählgedichte unabdingbare Sprung in die Vergangenheit, der zumeist in der ersten Zeile vollführt wird, bedient sich oft genug des Wörtchens »als« oder »einst«: »Als sie einander acht Jahre kannten«, so hebt Erich Kästner an,[28] »Als ich noch jung war und leicht unter den Apfelzweigen« der allzu jung und leicht gestorbene Dylan Thomas;[29] »As I walked out one evening« beginnt W. H. Auden,[30] »Einst waren wir alle im glücklichen Garten«[31] Peter Huchel, und »When Uncle Devereux died«[32] derselbe Robert Lowell, den wir schon bei der Versenkung in einen Türknauf beobachten konnten. Mal ist der Verweis auf die Zeit der Erzählung etwas vager gehalten, mal ist er, wie bei Erich Kästner, nicht umsonst ein Vertreter der Neuen Sachlichkeit, geradezu buchhalterisch in seiner Präzision; John Ashbery hingegen läßt uns in seinem Gedicht »The Problem with

26 Johann Wolfgang von Goethe: *Werke* (Band 1). Hamburg 1948/1952, S. 79.

27 Bertolt Brecht: *Die Gedichte.* Frankfurt am Main 2000, S. 73.

28 Erich Kästner: *Gedichte.* Frankfurt am Main 1981, S. 105.

29 Dylan Thomas: *Collected Poems 1934–1953.* London 1992, S. 134.

30 W. H. Auden: *Collected Poems.* London 1976, S. 133.

31 Peter Huchel: *Die Gedichte.* Frankfurt am Main 1997, S. 74.

32 Robert Lowell: *Life Studies.* London 1959, S. 79.

Anxiety« exakt ein halbes Jahrhundert zurückreisen: »Es ist fünfzig Jahre her. / Ich begann in jenen dunklen Städten zu wohnen, / von denen ich dir erzählte.«[33] Gedichte, das ist eine ihrer Qualitäten, überspringen Zeit und Raum gleichermaßen mühelos, und gelingt eine solch narrative Anfangszeile, zieht sie auch uns in die Vergangenheit, auf geradezu unwiderstehliche Weise.

* * *

Denn was geschieht da eigentlich, wenn wir den Anfang eines Gedichts vor Augen oder im Ohr haben? Warum ist diese erste Zeile des Gedichts so entscheidend?

Anders als die bildende Kunst, die mit eigens geschaffenen Werkzeugen auf Farben, Steine, Holz zurückgreift, anders auch als die Musik, die mit Zeichensystemen und Instrumenten operiert, vor denen Laien so verständnislos stehen wie ein Nashorn vor einem Wollknäuel, bedient sich die Dichtung eines Materials, das jedem unmittelbar vertraut ist, der Sprache. Lyrik ist aus eben dem Wortschatz, den Lauten gefertigt, die uns allen zu Gebote stehen, die wir Tag für Tag nutzen, um Brot zu kaufen, nach der Uhrzeit zu fragen oder uns nach dem Weg zu erkundigen, und die wir meist unhinterfragt gebrauchen. Schon das unterscheidet die Dichtung von anderen Kunstformen. Gleichzeitig ist die Art und Weise, mit der lyrische Sprache verwendet wird, eine von der Norm deutlich abweichende, ist das Gedicht ein vom Alltagsgebrauch erkennbar abgetrennter Raum, in dem die musikalischen Aspekte der Sprache zele-

33 John Ashbery: *Mädchen auf der Flucht. Ausgewählte Gedichte.* München 2002, S. 131.

briert werden, ihr Potential für Vieldeutigkeit, für doppelten und dreifachen Sinn und Unsinn, für semantische Blitze und Dunkelheiten gezielt genutzt und gesteigert sein will und oft genug auf mehreren Sinn- und Klangebenen gleichzeitig operiert wird – und zwar nicht, um eine einzige unmißverständliche Aussage zu treffen oder ein konkretes Geschehen herbeizuführen. Der Sprecher eines Gedichts begehrt keinesfalls, den Salzstreuer oder die Butter gereicht zu bekommen, wenn auch beide exzellente Sujets für ein Gedicht böten. Es handelt sich folglich um einen Sprechakt, der weit komplexer ist als jene Sprechakte, die wir für gewöhnlich mit bewundernswerter Selbstverständlichkeit vollziehen, um einen Akt, der, denn zum Gedicht gehören immer zwei, nicht nur vom Autor initiiert, sondern auch vom Leser vollzogen werden muß, was mit nicht unerheblicher Anstrengung verbunden sein kann und stets den Willen zum spielerischen Mittun erfordert. Mit anderen Worten: Man erkennt die Sprache, die einem selbst seit jeher zu eigen ist, sofort, und doch ist sie nicht mehr mühelos verfügbar. Genau dies mag einer der Gründe dafür sein, daß Gedichte vielen Menschen unheimlich sind und als Zumutung empfunden werden, es ihnen also widerstrebt, diesen gleichzeitig vertrauten und unvertrauten Sprachraum zu betreten.

Lyriker verfallen, um dieses Mißtrauen zu zerstreuen, gelegentlich darauf, die Sprache ihres Gedichts so alltäglich wie nur irgend möglich zu halten, sie also dem üblichen Gebrauch anzunähern: »Ein Stück Draht, krumm« – so absichtsvoll in seiner Gewöhnlichkeit beginnt etwa ein Gedicht von Rolf-Dieter Brinkmann.[34] Anderswo setzt

34 Rolf-Dieter Brinkmann: *Westwärts 1&2*. Reinbek bei Hamburg 2005, S. 37.

man nicht nur mit Wendungen aus dem Alltag ein sondern dazu noch mit jenem Getränk, das noch vor jedem sprachlichen Engagement den morgendlichen Rhythmus bestimmt: »Instant coffee with slightly sour cream / in it«, derart schlicht läßt Frank O'Hara ein ebenso schlicht »Poem« überschriebenes Gedicht anheben,[35] und Elizabeth Bishop präsentiert eine komplexe Sestine ähnlich beiläufig: »At six o'clock we were waiting for coffee«.[36] Dies ist, keine Frage, eine wirkungsvolle Methode, die allerdings nichts daran ändert, daß auch die alltagsnahe Sprache Teil eines Kunstwerks, eines Gedichts ist, und daß jeder Jargon, jeder Slang-ausdruck, jede dem Leser vertraute Beliebigkeit folglich ein gezielt eingesetzter Kunstgriff ist, der die Grenze zwischen Gedicht und Alltag verschleiern und den Übergang von einem sprachlichen Raum in den anderen erleichtern soll. In diesem Raum aber ist gleich eine ganze Reihe von oft paradoxen, immer ungewohnten Vorgängen zu verarbeiten. Der Umstand, daß auch die Position des Sprechers vom Leser selbst ausgefüllt und belebt werden muß, kann bei einem zeitgenössischen Poem verstörend genug sein, wie aber erst bei einem Barocksonett aus einer fremden Epoche, einer unvertrauten Gesellschaftsform. Selbst im Werk eines lebenden, zeitgenössischen Autors kann es ein Toter, ja ein Gespenst und Wiedergänger sein, der das Wort ergreift, und mehr noch: das Gedicht macht es möglich, daß, entgegen aller Vernunft, Dinge zu reden beginnen, von denen man es gemeinhin nicht erwarten würde. Nicht nur kann William Carlos Williams seine eigene Nase anrufen, was seltsam genug erscheint: »Oh strong-ridged and deep-

35 Frank O'Hara: *Selected Poems.* London 1994, S. 104.

36 Elizabeth Bishop: *The Complete Poems 1927–1979.* New York 1979, S. 18.

ly hollowed / nose of mine!«[37] (»O meine kraftvoll kantige, tief zerklüftete / Nase!«); nein, denkbar wäre auch, daß seine Nase ihm und uns antwortet. Dinge sprechen, und wir sehen uns gezwungen, uns an ihren Platz zu begeben. Bei Sylvia Plath ist es nichts als eine Gruppe von Pilzen, die nahelegt, uns selbst als Teil der großen Pilzgemeinschaft zu begreifen – oder, in dem Gedicht »Mirror«, ein Wandspiegel, der zu reflektieren beginnt, auf ungewohnt aktive und bildreiche Weise.[38]

Was also in der allerersten Zeile eines Gedichts geschieht, könnte man als eine Art Vertragsschluß zwischen Leser und Gedicht bezeichnen: Ich akzeptiere all das, die Paradoxien, die Mühen des Unvertrauten, wenn du mir dafür etwas zurückgibst – und zunächst einmal nicht den Eindruck vermittelst, meine Zeit werde vergeudet. Nur ein geschulter Leser von Gedichten wird exakt benennen können, was er von der Lyrik erwartet: Einen veränderten Blick auf die ihn umgebende Welt, einen Anreiz, den Prozeß des Verstehens oder Nichtverstehens selbst ein bißchen besser zu begreifen, einen ganz allgemein angenehmen Zustand des Nachsinnens über das Medium Sprache. Gehen wir jedoch von einem unerfahrenen Leser ohne jede Erwartungshaltung aus, dann muß die Anfangszeile vor allem zu einem führen, dazu nämlich, weiterlesen zu wollen; sie muß vermeiden, daß der Leser schon mit den ersten Worten die Lust verliert. Seine Neugier zu wecken, den Leser über die Schwelle und in den fremden Raum des Gedichts zu locken, wäre demnach ein entscheidendes Merkmal gelun-

37 William Carlos Williams: *Smell,* in: Sabine Küchler und Denis Scheck (Hg.): *Vom schwierigen Vergnügen der Poesie.* Straelen 1997, S. 86–87.

38 Sylvia Plath: *Collected Poems.* London 1981, S. 139 bzw. S. 173.

gener Anfangszeilen. Viele der bislang zitierten Gedichtanfänge dürften so vertraut sein, daß es schier unmöglich ist, nicht auch die Folgezeilen zu ergänzen, etwa bei Brecht im Stillen fortzufahren: »An jenem Tag im blauen Mond September,/Still unter einem jungen Pflaumenbaum,/Da hielt ich sie, die stille bleiche Liebe/In meinem Arm wie einen holden Traum«. So läßt uns die dritte Zeile nach der vierten verlangen, die zweite nach der dritten, und die Anfangszeile nach dem ganzen Gedicht. Daß Rätselhaftigkeit ihre Wirkung tun kann, zeigen gewisse Anfänge Georg Trakls, daß Exotisches uns anzieht, wird nur leugnen, wer Coleridges' Auftaktzeilen mit so sonderbaren Namen wie »Xanadu« und »Kubla Khan« überhört hat, und daß die Effektivität eines Schocks nicht zu unterschätzen ist, weiß, wer Benns ersoffenen Bierfahrer aus der *Morgue*-Sequenz kennt oder die provokante Geste seines Auftakts »Europa, dieser Nasenpopel«.[39] Man denke an ein Gedicht des slowenischen Lyrikers Tomaž Šalamun, das mit der gänzlich unbescheidenen Feststellung »Du bist ein Genie Tomaž Šalamun«[40] anhebt, und an den Ausruf Fontanes, der, »John Maynard!«, seine Wirkung nicht verfehlen wird, selbst dann, wenn man weder John Maynard heißt noch mit ihm bekannt ist.[41] Dichtung, man kann es nicht leugnen, ist kein magischer Akt; vielleicht aber wird man sie, die den Leser oder Hörer augenblicklich gebannt sein läßt, als Magie zweiter Ordnung bezeichnen dürfen. Wer schließlich würde nicht weiterlesen wollen bei einer Eröffnung, wie sie dem großen Triestiner Umberto Saba gelang: »Ho parlato a

39 Gottfried Benn: *Gedichte.* Frankfurt am Main 1982, S. 42.

40 Tomaž Šalamun: *Vier Fragen der Melancholie.* Wien 2003, S. 23.

41 Theodor Fontane: *Die Gedichte.* Frankfurt am Main und Leipzig 1998, S. 181.

una capra«, schreibt Saba, »Ich sprach mit einer Ziege«.[42] Man muß schon ein ausgesprochen dickhäutiger Verächter der Poesie sein, um nicht wissen zu wollen, welchen Verlauf dieses erstaunliche Gespräch genommen hat.

* * *

Aber betrachten wir, in aller gebotenen Kürze, noch weitere Möglichkeiten des Gedichtbeginns. Da wäre zunächst die Behauptung, die oft genug mit dem Hilfsverb »sein« operiert und zu erkennen gibt, daß es so und keinesfalls anders sei. Nun wird eine Eröffnung wie Schillers »Auch das Schöne muß sterben!«[43] niemand in Zweifel ziehen, und auch den Gang von Droste-Hülshoffs »Knaben im Moor« wird jeder nachempfinden können: »O schaurig ist's übers Moor zu gehn«.[44] Schon anders verhält es sich mit Aussagen, die zum Widerspruch reizen, wie Edith Södergrans »O wie herrlich die Hölle ist!«.[45] »Wirklich, ich lebe in finsteren Zeiten!«, konstatiert Brecht zu Zeiten, die so finster waren, daß eine Gegenrede undenkbar schiene;[46] »The art of losing isn't hard to master« hingegen beginnt Elizabeth Bishop eines ihrer Gedichte,[47] was schon durch die Aufwertung des Verlusts zu einer Kunstform für Verblüffung sorgen muß. Das gilt auch für Zbigniew Herberts Auftakt »Am schön-

42 Umberto Saba: *Das zerbrochene Glas. Gedichte.* München 1991, S. 28–29.

43 Friedrich Schiller: *Sämtliche Gedichte.* Frankfurt am Main und Leipzig 1991, S. 490.

44 Annette von Droste-Hülshoff: *Sämtliche Gedichte.* Frankfurt am Main und Leipzig 1998, S. 68.

45 Edith Södergran: *Klauenspur. Gedichte und Briefe.* Leipzig 1990, S. 31.

46 Bertolt Brecht: *Die Gedichte.* Frankfurt am Main 2000, S. 267.

47 Elizabeth Bishop: *The Complete Poems 1927–1979.* New York 1979, S. 178.

sten ist Nike / wenn sie zögert«,[48] verbände doch niemand außer einem Dichter wie Herbert die griechische Kriegsgöttin mit einer Hamletschen Zögerlichkeit. Peter Huchels »Niemand wird finden / das Grab des Odysseus«[49] erregt unsere Aufmerksamkeit, und das gilt erst recht für so frappierende Thesen wie »Sex ist ein Nazi«[50] des Australiers Les Murray oder gar »They fuck you up, your mum and dad«[51] des hinreißend illusionslosen Engländers Philip Larkin. Daß Behauptungen, die in die Zukunft weisen, also die Grenze zur Prophetie kühn überschreiten, ihren besonderen Reiz haben, versteht sich – wie in César Vallejos Gedicht »Schwarzer Stein auf weißem Stein«, das mit einer Voraussage anfängt, die gerade aufgrund ihrer Präzision so unmöglich ist: »Ich werde sterben bei einem Wolkenbruch in Paris«.[52]

Wie die Behauptung legt auch die Frage ein Thema vor oder formuliert, um ein altertümliches, aber treffendes Wort zu benutzen, den Vorwurf, dem es nachzugehen gilt. Eine Frage ist ja nichts anderes als Wort gewordene Neugier, und in erzählerischen Formen wie der Ballade – »Wer reitet so spät durch Nacht und Wind?«[53] – darf der Leser mitunter mit einer Antwort rechnen. Auch Hofmannswaldau – »Was ist die Welt / und ihr berühmtes gläntzen?«[54] – führt sein Thema weiter, während Brechts Frage »Wer

48 Zbigniew Herbert: *Herrn Cogitos Vermächtnis.* Frankfurt am Main 2000, S. 41.

49 Peter Huchel: *Die Gedichte.* Frankfurt am Main 1997, S. 231.

50 Les Murray: *New Collected Poems.* Manchester 2003, S. 393.

51 Philip Larkin: *Collected Poems.* London 1988, S. 180.

52 César Vallejo: *Gedichte.* Frankfurt am Main 1963, S. 25.

53 Johann Wolfgang von Goethe: *Werke* (Band 1). Hamburg 1948/1952, S. 154.

54 Christian Hofmann von Hofmannswaldau: *Gedichte.* Stuttgart 1994, S. 103.

baute das siebentorige Theben?«[55] rein rhetorischer Art ist und Benns »Meinen Sie Zürich zum Beispiel / sei eine tiefre Stadt« die negative Antwort schon in dem Verzicht aufs Fragezeichen enthält.[56] Die Wahrheit ist, daß Gedichte selten schlüssige Antworten bieten; dennoch darf die Frage als geeigneter Gedichtauftakt gelten, schon deshalb, weil das Fragen, das Hinterfragen die Grundlage ihrer Existenz ist. Wer aber würde bei Celans »In der Mandel – was steht in der Mandel?«[57] Gewißheit erhoffen, wer bei César Vallejos Frage »Wer hat keinen blauen Anzug im Schrank?«[58] ernsthaft Lösungen erwarten wollen? Nur schlechte Gedichte geben vor, Antworten liefern zu können; bei allen anderen akzeptieren wir die Frage als raffiniertes Mittel, das an unsere Entdeckerlust appelliert. Wieviel Witz und Übermut ein solcher Auftakt haben kann, zeigt Les Murray in seinem Gedicht »Folklore«: »Was gibt's in unserer Stadt zu sehen?«, fragt der Sprecher, der ein Stadtführer oder ein redseliger Einheimischer sein könnte, um sodann nichts zu beschreiben als jene triste Kaschemme, wo überm Tresen ein menschliches Gerippe baumelt, das durch ein elastisches Band und durch mehrere Decken hindurch mit dem Federrost des Doppelbetts in der Hochzeitssuite verbunden ist – und das gelegentlich, wenn das Zimmer von Jungverliebten oder Frischvermählten belegt ist, wild und immer wilder zu tanzen beginnt, zum Vergnügen der ganzen, johlenden Säufergemeinde. Welch außergewöhnliches memento mori – und was für ein trockener, treffsicherer Schluß: »Sonst

55 Bertolt Brecht: *Die Gedichte.* Frankfurt am Main 2000, S. 222.

56 Gottfried Benn: *Gedichte.* Frankfurt am Main 1982, S. 384.

57 Paul Celan: *Die Gedichte.* Frankfurt am Main 2003, S. 142.

58 César Vallejo: *Gedichte.* Frankfurt am Main 1963, S. 103.

gibt's hier noch Fleischfabriken und Zechen«, so beendet der Sprecher seine aufschlußreiche Ortsbegehung.[59]

Zuguterletzt sei auf den Imperativ hingewiesen: »Stop all the clocks, cut off the telephone«, fordert Auden,[60] »Lobet die Nacht und die Finsternis, die euch umfangen!« Brecht in seinem »Großen Dankchoral«;[61] die dringende Bitte des Franzosen Henri Michaux bezieht sich ganz auf seine eigene Person – »Tragt mich fort in einer Karavelle«[62] –, während Dylan Thomas' Aufforderung dem sterbenden Vater gilt: »Do not go gentle into that good night«.[63] Und immer wieder richtet sich die Aufforderung ganz direkt an den Leser, ob mit Brentanos »Hör, es klagt die Flöte wieder«[64] oder bei Brecht: »Sieh jene Kraniche in großem Bogen!«[65] Bleibt hinzuzufügen, daß im Grunde jeder gelungene Gedichtanfang ein versteckter Befehl ist, und der lautet: Verweile, lausche.

Mit Brentanos und Brechts Zeilen kehren wir zurück zum Vertrag zwischen Leser und Gedicht und fügen den Seltsamkeiten, die der Leser sich zu akzeptieren bereit erklärt, eine weitere hinzu. Denn während das erzählende Gedicht stets in der Vergangenheit fußt, verwenden all die zitierten Zeilen das Präsens. Auch Trakl schreibt ja in seinem großen Poem »De Profundis« nicht »Es war ein Stop-

59 Les Murray: *Ein ganz gewöhnlicher Regenbogen.* München 1996, S. 24.

60 W. H. Auden: *Collected Poems.* London 1976, S. 141.

61 Bertolt Brecht: *Die Gedichte.* Frankfurt am Main 2000, S. 59.

62 Henri Michaux: *Tragt mich fort*, in: Hans Magnus Enzensberger (Hg.): *Museum der modernen Poesie.* Frankfurt am Main 2002, S. 437.

63 Dylan Thomas: *Collected Poems 1934–1953.* London 1992, S. 148.

64 Clemens Brentano: *Ausgewählte Werke.* München 1955, S. 25.

65 Bertolt Brecht: *Die Gedichte.* Frankfurt am Main 2000, S. 601.

pelfeld, in das ein schwarzer Regen fiel«, sondern bleibt ganz gegenwärtig: »Es ist ein Stoppelfeld, in das ein schwarzer Regen fällt«[66] – ein gravierender Unterschied, der den Leser in eine erstaunliche Lage bringt: Denn kein Feld ist zu sehen, auch kein Kranich, keine Flöte ist zu hören – nur in der Sprache und nur dank der Vorstellungskraft des Lesers. Nichts also drückt das Mirakel der Imagination prägnanter aus als diese knappe Formel »es ist«, die so bestimmt daherkommt, so gar keinen Zweifel zuläßt und in einer ganzen Reihe von Gedichten zu finden ist, nicht nur bei Trakl: »Es ist schon spät, es wird schon kalt«, so beginnt Eichendorff;[67] »Dies ist dein Rastplatz,/alter Mann«, schreibt Peter Huchel;[68] und Günter Eich präsentiert uns in einem der bekanntesten Gedichte der Nachkriegszeit seine Kopfbedeckung: »Dies ist meine Mütze«.[69] Sollte man doch von Zauberei sprechen dürfen? Jedenfalls beginnt Elizabeth Bishop ihren Besuch einiger Fischerhütten mit den Worten »Although it is a cold evening«,[70] und mag es in Wirklichkeit auch ein warmer Nachmittag im Juni sein, spielt unsere Phantasie doch gerne mit, läßt uns vielleicht sogar frösteln. »Whose woods these are I think I know«, hebt Robert Frost an,[71] die vertraute Formel durch Verwendung des Plurals variierend, und wir befinden uns im Geiste mit ihm oder an seiner Stelle des Abends in einem verschneiten Wald. »Es ist« – darin klingt das »es sei« an,

66 Georg Trakl: *Das dichterische Werk.* München 1972/1998, S. 27.

67 Joseph von Eichendorff: *Werke in vier Bänden* (Band 1). München 1981, S. 304.

68 Peter Huchel: *Die Gedichte.* Frankfurt am Main 1997, S. 180.

69 Günter Eich: *Sämtliche Gedichte.* Frankfurt am Main 2006, S. 42.

70 Elizabeth Bishop: *The Complete Poems 1927–1979.* New York 1979, S. 64.

71 Robert Frost: *The Poetry of Robert Frost.* London 2001, S. 224.

das »es werde«, und damit ist es auch ein bescheidenes, fernes Echo des »fiat lux« der Schöpfungsgeschichte. Um diesen Akt aus dem Nichts, diese Augenblickskunst zu vollziehen, bedarf es beider, Leser wie Autor. »Il viaggio finisce qui«, so beginnt Montale sein Gedicht »Haus am Meer«[72]: »Die Reise endet hier« – was eigentlich wie ein Ende klingt, aber erneut ein Anfang ist.

* * *

»Beginnings are always troublesome«, bemerkte George Eliot einmal, »conclusions are the weak point of most authors«.[73] Sie bezog sich damit auf den Roman, ihre eigene Kunstform, doch dürfte die Aussage auch auf viele Lyriker zutreffen. Dabei ist das Ende eines Gedichts naturgemäß anders beschaffen als das eines Romans, was insbesondere dann zutrifft, wenn auf traditionelle lyrische Formen zurückgegriffen wird. Viele davon laufen nämlich, hat man ihre faszinierende Maschinerie erst einmal in Gang gesetzt, zwangsläufig auf ein Ende zu. Die Wahl des Anfangs nimmt gewissermaßen das Ende vorweg, legt die Schlußzeilen fest oder reduziert doch zumindest die Möglichkeiten, die dem Dichter bleiben. Zwei dieser alten Formen wurden schon beiläufig erwähnt, die Sestine und die Villanelle. In der Sestine, einer von den provençalischen Troubadours entwickelten Form, werden sechs Schlüsselwörter über sechs Strophen hinweg wiederholt. Wenn sich Elizabeth Bishop also in ihrer Variation für die Auftaktzeile »At six o'clock

72 Eugenio Montale: *Gedichte 1920–1954.* München 1987, S. 171.

73 Zitiert nach Frank Kermode: *The Sense of an Ending. Studies in the Theory of Fiction with a New Epilogue.* Oxford 2000, S. 74.

we were waiting for coffee« und damit für das Wort »coffee« entscheidet, so legt sie damit zwar nicht die allerletzte Zeile fest, sorgt aber dafür, daß der Kaffee noch sechs weitere Male serviert wird und auch in der drittletzten Zeile dampft – was nicht ohne Auswirkungen auf die verbleibenden zwei Zeilen bleiben kann. Wenn Dylan Thomas in seinem Poem an den todkranken Vater hingegen die Form der Villanelle wählt – und sein Gedicht ist eines der herrlichsten Beispiele für diese Form –, so stimmt er damit auch der Wiederholung der ersten und der dritten Zeile zu, die gemeinsam den Schluß bilden: »Do not go gentle into that good night, / Rage, rage against the dying of the light«. Ähnlich streng und im Anfang das Ende vorwegnehmend sind das malayische Pantum und das europäische Rondeau, das auch als Ringelgedicht bezeichnet wurde oder, bei Georg Rodolf Weckherlin, der sich seiner bediente,[74] als »Rund-umb«, und das seine Anfangssentenz einmal gegen Mitte und einmal am Schluß wieder aufgreift: Das Ende ist unabänderlich, sobald die einleitenden Worte zu Papier gebracht sind. Der Einfachheit halber, und um endlich einmal ein komplettes Beispiel vorzuführen, zitiere ich ein Rondeau aus eigener Produktion, das den Titel »maulbeeren« trägt:

so dunkel und süß der saft, daß überm bach
die fledermäuse stiegen, immer flach
am blattwerk, um als flinke, schwarze scheren
die früchte abzuknapsen, zu verzehren
im flug. die sonne hinter jaffa schwach,

74 Siehe z. B. Georg Rodolf Weckherlins Gedichte *An die Marina* oder *An den Hofe,* in: Christian Wagenknecht (Hg.): *Gedichte 1600–1700,* in Walther Killy (Hg.): *Deutsche Lyrik von den Anfängen bis zur Gegenwart in 10 Bänden* (Band 4). München 2001, S. 168–169.

und alles, was man denken wollte, dach-
te, enger, kleiner als ein handschuhfach ...
sag: maulbeeren, und wieder: maulbeeren,
so dunkel und süß
allein das wort im mund – schon sind sie wach
und wollen mit dem schattenhaften krach
von tausenden von flügeln sich vermehren,
hängen bei tag in ihrem schlaf, in schweren
und dicken trauben unter deinem dach,
so dunkel und süß.[75]

All diese Formen sind heute nur noch gelegentlich im Gebrauch. Das Prinzip jedoch, Anfangs- und Schlußzeile einander entsprechen zu lassen, findet sich noch in der modernen und zeitgenössischen Lyrik, auch in solchen Gedichten, die sich freier Rhythmen bedienen und auf Reim und Strophe verzichten. »Córdoba./Einsam und fern«, lautet die erste und letzte Zeile in Federico García Lorcas »Reiterlied«[76] und macht die andalusische Stadt nur umso unerreichbarer. Gewisse Verschiebungen bei einer solchen Wiederholung können besonders effektiv sein: Das reizende Bekenntnis »Ich habe dich so lieb«[77] von Joachim Ringelnatz wird abschließend bekräftigt – allerdings verstärkt um ein Ausrufezeichen. Und wenn Huchels nüchterner Anfang »Der Fremde geht davon« lautet, so weist der Schluß eine nicht unbedeutende Ergänzung auf – »unbekümmert geht der Fremde davon«.[78]

75 Jan Wagner: *Regentonnenvariationen.* Berlin 2014, S. 43.

76 Federico García Lorca: *Gedichte.* Frankfurt am Main 1995, S. 62.

77 Joachim Ringelnatz: *Ringelnatz in kleiner Auswahl.* Berlin 1982, S. 55.

78 Peter Huchel: *Die Gedichte.* Frankfurt am Main 1997, S. 258.

Eine solche Kreisbewegung bildet einen unübersehbaren Schlußpunkt, und selbst der Novize wird das Signal wahrnehmen – so auch bei Eichendorff, der in seinem Sonett »Der verspätete Wanderer« eine identische Anfangs- und Schlußzeile benutzt.[79] Hätte Eichendorff sich dem Sonett englischer Manier gewidmet, so folgte auf drei Quartette das Couplet, ein Paarreim also; auch dieser Gleichklang ist ein Hinweis darauf, daß es zu Ende geht, mit dem Reim gleichsam versiegelt wird. Das funktioniert sogar in Gedichten, die nicht als Sonett konstruiert sind, und am besten in solchen, die den Paarreim nicht durchgehend pflegen, ihn also noch überraschend setzen können. Man spricht im Englischen von »closure«, was sich am ehesten mit »Abschluß«, aber auch mit der in der Harmonielehre gebräuchlichen »Auflösung« übersetzen ließe, und man hat darauf hingewiesen, daß dieses Signal nicht nur formaler, sondern auch semantischer Art sein kann, indem nämlich auch inhaltlich ein Ende markiert oder wenigstens im Subtext darauf angespielt wird.[80] Wenn wir der Einfachheit halber auf Gedichte zurückgreifen, deren Anfangszeilen schon zitiert wurden, so finden wir bei Goethes »König in Thule« die Zeile »Trank keinen Tropfen mehr«, hören bei Brechts Gesang auf »Marie A.« die Worte »Und als ich aufsah schwand sie schon im Wind« – und befinden uns im einen wie im anderen Gedicht an einem Punkt, von dem aus keinerlei Fortführung denkbar schiene. Wenn Czesław Miłosz mit »Laßt mich schlafen,/mag mich die finstere

79 Joseph von Eichendorff: *Werke in vier Bänden* (Band 1). München 1981, S. 444.

80 Siehe dazu Barbara Herrnstein Smith: *Poetic Closure. A Study of How Poems End.* Chicago 1968.

Nacht umarmen« endet[81] und Peter Huchel mit »umfing uns das Tuch, in dem man gleich schlief«,[82] so setzen auch sie mit dem Schlaf einen Punkt, und ebenso halten es, wenn auch mit anderen Bildern, Trakl (»Das letzte Gold verfallener Sterne«[83]) und Eichendorff (»Es ist schon spät, es wird schon kalt,/Kommst nimmermehr aus diesem Wald!«[84]). Nichts jedoch ist finaler als der Tod: »In seinen Armen das Kind war tot«, heißt es bei Goethe,[85] »Es kommen, es kommen die Wasser all,/Sie rauschen herauf, sie rauschen herab,/Den Jüngling bringt keines wieder« bei Schiller.[86] Das ist unmißverständlich. Suggestiver in ihrer Bildlichkeit, doch auf ihre Art ebenso deutlich sind andere Schlußzeilen: »Du füllst hier die Urnen und speisest dein Herz«, lesen wir bei Celan,[87] und Zbigniew Herbert endet »mit dem herben geschmack des vaterlands/unter der steifen zunge«.[88] »Tragt mich fort, am besten, grabt mich ein«, fordert Henri Michaux,[89] und Eliot schließt mit beidem, einem Paarreim und dem metaphorischen Wassertod: »In Meergewölben ward uns Aufenthalt/bei Nixen in rotbraunen Seetangs

81 Czesław Miłosz: *Zeichen im Dunkel. Poesie und Poetik.* Frankfurt am Main 1996, S. 39.

82 Peter Huchel: *Die Gedichte.* Frankfurt am Main 1997, S. 74.

83 Georg Trakl: *Das dichterische Werk.* München 1972/1998, S. 17.

84 Joseph von Eichendorff: *Werke in vier Bänden* (Band 1). München 1981, S. 304.

85 Johann Wolfgang von Goethe: *Werke* (Band 1). Hamburg 1948/1952, S. 154 ff.

86 Friedrich Schiller: *Sämtliche Gedichte.* Frankfurt am Main und Leipzig 1991, S. 426.

87 Paul Celan: *Die Gedichte.* Frankfurt am Main 2003, S. 32.

88 Zbigniew Herbert: *Herrn Cogitos Vermächtnis.* Frankfurt am Main 2000, S. 42.

89 Henri Michaux: *Tragt mich fort,* in: Hans Magnus Enzensberger (Hg.): *Museum der modernen Poesie.* Frankfurt am Main 2002, S. 437.

Winken,/bis Menschenlaut uns weckt, und wir ertrinken«.[90] Die Kreisbewegung der Form, der Kreislauf des Werdens und Vergehens: Beide sind Hinweise darauf, daß das Gedicht seine letzte Zeile erreicht hat. Eliot unterläuft anderswo dieses Prinzip und gestaltet einen Raum, dessen Ausgangstür, tritt man hinaus, sogleich wieder hineinzuführen scheint: »In my beginning is my end«, lautet der Anfangsvers, der Schluß hingegen, indem er die Worte umstellt, »In my end is my beginning« – und macht so die Schleife, die nie endende Acht perfekt.[91] Und vielleicht ist dies ein nicht unerheblicher Effekt einer geglückten letzten Zeile: Daß, nachdem uns die erste zur zweiten, die zweite zur dritten, die dritte zur vierten Zeile geführt hat und so weiter, sie uns an den Anfang zurückzwingt, den Wunsch in uns weckt, mit der Lektüre ein weiteres Mal zu beginnen, und das sogleich.

Es ist nicht ganz unerheblich, was zwischen der ersten und der letzten Zeile eines Gedichts geschieht, das sei zugegeben. Ebenso wahr aber bleibt, daß das gesamte Gedicht, ganz gleich, wie glanzvoll es von der zweiten bis zur vorletzten Zeile gearbeitet ist, scheitern kann, wenn Anfang und Ende mißlingen – und daß umgekehrt erst der letzte Strich, die letzte Fügung das Panorama zum Leuchten bringen kann. Sehr schön illustriert diesen Umstand eine Anekdote aus der Geschichte nicht der Lyrik, sondern der Malerei; eine Szene, in der John Constable und John Turner, die großen Lichtarchitekten der englischen Landschaftsmalerei, im Jahre 1831 aufeinandertreffen. Die Herren widmen

90 T. S. Eliot: *J. Alfred Prufrocks Liebesgesang,* in: Hans Magnus Enzensberger (Hg.): *Museum der modernen Poesie.* Frankfurt am Main 2002, S. 77.

91 T. S. Eliot: *Collected Poems 1909–1962.* London 1963, S. 196.

sich den Vorbereitungen einer großen Ausstellung der Londoner Akademie; ihre Bilder, die präsentiert und prämiert werden sollen, hängen bereits, doch noch arbeiten die Konkurrenten an ihnen. Ein Freund Constables erinnert sich und beschreibt Turners Bild,

> ein Seestück [...] ein graues Gemälde, schön und wahrhaftig, mit keiner einzigen kraftvollen Farbe darin. Constables »Waterloo« hingegen wirkte, als sei es mit flüssigem Silber und Gold gemalt, und Turner kam mehrfach in den Saal während Constable dabei war, mit Zinnober- und Kokkusrot die Verzierungen und Flaggen der städtischen Schleppkähne hervorzuheben. Turner stand hinter ihm, betrachtete erst »Waterloo«, dann wieder sein eigenes Bild, holte schließlich seine Palette aus dem großen Saal herbei, wo er gleichzeitig mit einem anderen Gemälde befaßt war, tupfte einen kleinen runden Klecks aus roter Bleifarbe, etwas größer als ein Shilling vielleicht, in sein graues Meer, und ging dann ohne ein Wort zu sagen wieder hinaus. Die Leuchtkraft des roten Bleis, die aufgrund der Kälte des Bildes noch umso lebendiger wirkte, ließ selbst Constables Zinnober- und das Kokkusrot schwächlich aussehen. Ich betrat just in dem Moment den Saal, als Turner ihn verließ. »Er war gerade hier«, sagte Constable, »und er hat eine Kanone abgefeuert.«[92]

Kein Wunder also, daß auch die Dichter diesem letzten Klecks, dem Finish, dem grandiosen Detail ihre Aufmerksamkeit widmen und Abschlußzeilen komponieren, die sich einprägen wie Turners Bleirot – und sei es, indem sie etwas aussparen und verschweigen. So unmerklich wie mei-

92 Zitiert (und übersetzt) nach Anthony Bailey: *John Constable. A Kingdom of His Own*. London 2007, S. 231.

sterhaft geschieht dies bei Rilke: In seinem »Panther«,[93] einem Gedicht, dessen Klang jeder im Ohr haben wird, beschreibt er sein Raubtier in drei Strophen mit jeweils vier Zeilen, widmet sich dem Gang, der Drehung, diesem »Tanz von Kraft um eine Mitte«; zwölf Zeilen, von denen alle fünf Hebungen aufweisen, die alle regelmäßig und jambisch sind – bis auf die letzte, in der es noch immer um das Bild geht, das durch Pupille und Augapfel dem Tier bis ins Herz dringt, an dessen Schläge der Jambus schon von Beginn an hat denken lassen: »und hört im Herzen auf zu sein«, heißt es also, nunmehr bloß vierhebig, und zwingt uns damit, die fehlende fünfte Hebung, gleichsam eine Phantomhebung, mitzudenken, pa-*tam*, so daß das Aufhören durch Nichterfüllen der vom Dichter selbst etablierten Form nur umso eindringlicher wird: Auch das, die Leerstelle, kann strahlen und leuchten, heller als jedes Rot.

* * *

Ich will jetzt drei Gedichte zu Gehör bringen, die ich selber nie vergessen habe – zum einen, weil es sich um in allen ihren Teilen formidable Werke handelt, aber auch, so meine ich, dank ihrer äußerst markanten Anfangs- und Schlußzeilen. Man wird sehen, daß alle genannten Techniken auch hier angewandt werden; dennoch fügen die Gedichte, die alle aus dem zwanzigsten Jahrhundert stammen, dem bisher Ausgeführten eine Nuance hinzu. Das erste Gedicht stammt von W. H. Auden. Der Titel zeigt an, daß wir uns in Brüssel befinden, und lautet »Musée des Beaux Arts«:

93 Rainer Maria Rilke: *Die Gedichte.* Frankfurt am Main und Leipzig 2006, S. 447.

Über das Leiden wußten sie gut Bescheid,
die Alten Meister: wie kannten sie gut
seine menschliche Rolle; daß es geschieht,
während einige essen, ein andrer ein Fenster öffnet
oder gelangweilt hingeht;
daß, während die Alten ehrfürchtig und gespannt
die wunderbare Geburt erwarten, Kinder immer dabei sind,
denen nicht viel daran liegt, und die
Schlittschuh auf einem Teich am Waldrande laufen;
sie vergaßen auch nie,
daß selbst das Mysterium stattfinden muß
irgendwo abseits, an unsauberem Ort,
wo die Hunde sich hündisch benehmen und des
Folterers Pferd
sein Hinterteil unschuldig an einem Baum kratzt.

In Breughels Ikarus zum Beispiel: wie alles sich beinah
gelassen vom Unheil abkehrt; vielleicht hat der Bauer
den Aufschlag gehört, den verlorenen Schrei,
aber für ihn war das nichts von Bedeutung; die Sonne
beschien, wie es ihre Pflicht war, die weißen im Wasser
verschwindenden Beine; und das kostspielige, stolze
Schiff, das staunend
etwas gesehn haben mußte, – einen Jungen, der aus dem
Himmel fiel –,
hatte ein Ziel und segelte ruhevoll weiter.[94]

Das Gedicht, dessen wechselnd lange Zeilen im englischen Original unaufdringlich gereimt sind, beginnt mit einer Bemerkung, wie man sie beim Schlendern im Museum aufschnappen könnte, fast im Plauderton, und wendet sich an den Hörer wie an einen Vertrauten: »About suffering

94 W. H. Auden: *Musée des Beaux Arts,* in: Hans Magnus Enzensberger (Hg.): *Museum der modernen Poesie.* Frankfurt am Main 2002, S. 113.

they were never wrong,/The Old Masters«. Die Alten Meister – das sind natürlich die Niederländer des sechzehnten Jahrhunderts, und die nun folgenden Genrebilder, die Szenen am Fenster, beim Schlittschuhlaufen, stehen jedem sofort vor Augen. Herrlich sind dabei die präzise eingefügten, leuchtenden Petitessen, die zeigen, daß es sich auch bei Auden um einen alten Meister handelt, der hündische Hund, der unschuldige Pferdehintern. Sie alle unterstreichen: Das Wunder findet stets im Gewöhnlichen statt und immer dann, wenn man es am wenigsten erwartet. Obwohl der beiläufige Ton, der über die strenge Fügung hinwegtäuscht, beibehalten wird, spitzt sich das Gedicht zu, wird immer konkreter und gipfelt schließlich in einem einzigen Bild, dem Sturz des Ikarus, betrachtet die Beine im Wasser und dann jenes eine Detail, mit dem das Gedicht endet, das »kostspielige, stolze Schiff« – dieses, so verrät uns die letzte Zeile, »Had somewhere to get to and sailed calmly on«. Natürlich wirft Auden hier – das Gedicht wurde Ende der dreißiger Jahre verfaßt – Fragen politischer und poetischer Natur auf, nach künstlerischem Engagement und Verweigerung. »Poetry makes nothing happen«, konstatierte Auden anderswo,[95] aber hier zwingt er doch den Leser, den er so freundschaftlich am Arm nimmt und zum Zeugen von beidem macht, von Sturz und weiterfahrendem Schiff, über seine Haltung nachzudenken, sich vielleicht sogar zu entscheiden – und er läßt ihm Zeit dazu, die über die Gedichtzeit hinausreicht, denn das Schiff ist ja nicht aus der Welt, sondern segelt »ruhevoll weiter«, vorerst für immer. Die Tragödie wird von der Antike über Breughels 1558 gemaltes Bild bis zu uns in die Gegenwart und darüber hinaus

95 W. H. Auden: *Collected Poems.* London 1976, S. 248.

verlängert; es findet, formal gesehen, in der Zuspitzung auf ein Motiv und vor allem durch den Tod des Ikarus seinen stimmigen Endpunkt, wird aber gleichzeitig maximal entgrenzt – das unschuldige Wörtchen »somewhere« in »had somewhere to get to« läßt plötzlich die erschreckende Weite des Meeres aufblitzen, und das allerletzte Wort lautet »on«, also »weiter«. Anders gesagt: Das Gedicht signalisiert sein Ende und hebt es gleichzeitig auf.

Auch die Verfasserin des zweiten Gedichts wurde bereits erwähnt; es handelt sich um die Amerikanerin Elizabeth Bishop. »Der Fisch«, so der Titel, wurde von Margitt Lehbert übertragen:

Ich fing einen enormen Fisch
und hielt ihn neben das Boot
halb aus dem Wasser, mein Haken
fest im Winkel seines Mauls.
Er kämpfte nicht.
Er hatte gar nicht gekämpft.
Er hing, ein ächzendes Gewicht,
lädiert und ehrwürdig
und unscheinbar. Da und dort
hing seine Haut in Streifen
wie uralte Tapeten,
und das Muster in dunklerem Braun
war auch wie auf Tapeten:
Formen wie aufgeblühte Rosen,
vor Alter fleckig und verblaßt.
Er war mit Muscheln getüpfelt,
feine Kalkrosetten,
und von winzigen
weißen Seeläusen befallen,
und unter ihm hingen zwei oder drei
Fetzen grüner Algen.

Während seine Kiemen
den furchtbaren Sauerstoff atmeten
– die erschreckenden Kiemen,
frisch und steif vor Blut,
die so tief schneiden können –,
dachte ich an das grobe weiße Fleisch
wie pralle Federfüllung,
die großen und die kleinen Gräten,
das dramatische Rot und Schwarz
seiner leuchtenden Innereien
und die rosa Schwimmblase
wie eine große Pfingstrose.
Ich sah ihm in die Augen,
die viel größer waren als meine,
aber flacher und vergilbt,
die Iris mit stumpfem Stanniol
gefüttert und gefüllt,
durch die Linsen alten,
zerkratzten Glimmers gesehen.
Sie bewegten sich ein wenig, aber nicht,
um meinen Blick zu erwidern.
– Es war mehr, als kippe man
einen Gegenstand zum Licht hin.
Ich bewunderte sein mürrisches Gesicht,
den Mechanismus seines Kiefers,
und dann sah ich,
von seiner Unterlippe
– wenn man es eine Lippe nennen kann –
hingen grausam, naß und waffengleich
fünf alte Längen Angelschnur,
oder vier und ein Stahlvorfach,
an dem der Wirbel noch saß,
und alle fünf großen Haken
waren fest mit seinem Maul verwachsen.
Eine grüne Schnur, ausgefranst,
wo er sie abgerissen hatte, zwei schwerere

und eine feine schwarze,
noch immer gekräuselt vom Zug und Bruch,
als sie riß und er entkam.
Wie Orden mit zitternden
und zerfransten Bändern
hing ein fünfhaariger Weisheitsbart
von seinem schmerzenden Kiefer.
Ich starrte und starrte,
und Sieg erfüllte
das kleine gemietete Boot
von der Pfütze in der Bilge,
wo Öl um den rostigen Motor
einen Regenbogen wirkte,
zur orange verrosteten Schöpfkelle,
zu den von der Sonne geborstenen Duchten,
den Dollen an ihren Schnüren,
den Dollborden – bis ringsum
Regenbögen waren, Regenbögen übergroß!
Und ich ließ den Fisch los.[96]

Dieses Gedicht beginnt auf zweifach vertraute Weise: Es stellt sich mit einem Sprecher vor, einem Ich, und es etabliert sogleich den erzählerischen Charakter des Ganzen, macht sich mit der ersten Zeile daran, eine Begebenheit aus der Vergangenheit zu erzählen: »I caught a tremendous fish«. Es folgen immerhin fast achtzig sehr frei gehaltene und ungereimte Zeilen, in denen detailliert und in oft prachtvollen Bildern der Fisch selbst beschrieben, bis in sein Innerstes imaginiert wird – wir sehen die Tapetenhaut, betasten die Federfüllung des Fleisches, seine Pfingstrosen-

96 Elizabeth Bishop: *Die Farben des Kartographen.* Salzburg, Wien und Frankfurt am Main 2001, S. 29 ff.

schwimmblase. Die nicht unbeträchtliche Länge, die Elizabeth Bishop sich gestattet, die Ausführlichkeit ihrer Schilderungen, ist dabei keiner Willkür oder bloßer Fabulierlust geschuldet, sie entspricht der formalen Logik des Gedichts. Denn nicht nur wird der Fisch, der Fang, der anfangs, als Jagdobjekt, nur durch seine Größe beeindrucken konnte – man kennt die Fotos, auf denen sich Angler mit ihrer Beute brüsten –, durch die Beschreibung zu einem verehrungswürdigen Individuum mit Schönheit und Geschichte, auch das Gedicht erfährt erst dank seiner Länge eine Zuspitzung, die jener in Audens Gedicht ähnelt. Nur dank der Schlankheit und Länge nämlich wird der Schlußvers, der eine Zeile für sich beansprucht, so außergewöhnlich knapp und markant; und nur durch den durchgehenden Verzicht auf Reime und eine sichtbare und hörbare Form wird das Signal des Gedichtendes überdeutlich, der Paarreim, der den Endpunkt markiert – »until everything/was rainbow, rainbow, rainbow!/And I let the fish go.« Das Gehenlassen, Entweichenlassen, Freisetzen, dieses kleine Wörtchen »go« verlängert auch hier, wie zuvor das »on« bei Auden, das Gedicht; und unvermeidlich ist es, nach der abrupten Schlußzeile nicht zu denken, daß nun er, der Leser, an der Reihe sei, daß es an ihm ist, jenen Fisch zu fangen, der von Anfang an keinen Namen trägt, keiner Art angehört, der als Sprach- und Bildfisch auch das Gedicht selbst verkörpert.

Um nun, nach zwei englischsprachigen auch einen deutschen Lyriker zu Wort kommen zu lassen, wähle ich ein Gedicht, das von Nicolas Born stammt und den Titel »Einzelheit, damals« trägt. So beiläufig der Titel klingt, so unprätentiös im Ton beginnt auch der Text. Könnte man zunächst meinen, es ginge um nichts weiter als etwa ein paar im Hinterhof Fußball spielende Kinder, wird nach und nach deutlich, daß es sich um ein Nachkriegs-, um ein Verlustgedicht handelt:

> Hauptsächlich Glas ging in Trümmer.
> Regional, sagen wir mal, war gar nicht viel los
> von den Ahnungen abgesehen
> den Nachrichten unter der Hand
> wenn Eheringe über den Fotos von Vermißten
> zu kreisen begannen.
> Kriegsreste (Erkennungsmarken)
> schepperten auf der Reichsbahn.
> Auf solche Weise kehrte Onkel Norbert zurück
> metallen, einer aus Stückzahl 100
> Inhalt einer ARI-Kartusche
> gefunden zwischen den Gleisen der Straßenbahn
> bei Sturm.
> In den toten Wagen lagen Splitter herum
> seltsame Formen im Seegras
> die Sitze waren zerfetzt.
> Die Kurbel ließ eine halbe Drehung zu
> - wir waren glücklich.
>
> Man hat sich Rußland riesig vorzustellen
> ausgesprochen endlos.[97]

In gewisser Weise geht das Gedicht, vergleicht man es mit Auden, den entgegengesetzten Weg, beginnt es doch mit einem konkreten, zunächst belanglos anmutenden Detail, dem zersplitterten Glas, und weitet seinen Raum erst dann, fast unmerklich, wird ungeheuerlich – auch wenn nur die Wagen als »tot« und die Sitze als »zerfetzt« beschrieben werden, keine menschlichen Körper, an die

97 Nicolas Born: *Gedichte.* Göttingen 2004, S. 31.

man dennoch unweigerlich denken muß. Das gesamte Gedicht hat keine Strophen, es verzichtet auf Reime, die Sprache seiner Zeilen ist, wie der Anfang, gänzlich ungekünstelt. Dann aber kommt dieser staunenswerte Schluß, anderthalb Zeilen, die durch die einzige Leerzeile vom Rest des Gedichts abgesetzt werden. Das Ohr kann nicht anders als wahrnehmen, daß nun, völlig unerwartet nach den freien Rhythmen, ein Metrum einsetzt, zunächst ein fünfhebiger Jambus (»Man hat sich Rußland riesig vorzustellen«), der in der folgenden halben Zeile in einen Trochäus mit drei Hebungen übergeht (»ausgesprochen endlos«). Oder ließen sich diese anderthalb Zeilen auch als eine einzige jambische Zeile mit acht Hebungen lesen? Die setzte dann – »Man hat sich Rußland riesig vorzustellen, ausgesprochen endlos« – mit einer fast unerträglichen Dehnung und großer Kunstfertigkeit das Bild, den Inhalt in die Form um. Das abschließende Wort aber lautet »endlos«, markiert so den Schluß und vermeidet das Abschließende. So gähnt aus dem Weiß jenseits des Gedichts die Tundra.

* * *

»Zierlich ist es / wann die Endreimen wiederholet / was zuvor gesagt worden«, schrieb Georg Philipp Harsdörffer vor einigen Jahrhunderten in seinem *Poetischen Trichter*: »Hier ist zu merken / daß die Wiederholung in der Ordnung geschehen muß / in welcher die Wörter anfangs gesezt worden«.[98] Auf ein solches Konklusionsschema, wie es im Barock vorbildlich und wünschenswert war, auf die wohl-

98 Zitiert nach Marian Szyrocki: *Die deutsche Literatur des Barock.* Stuttgart 1979, S. 59.

gefügte *conclusio* der Rhetorik, erst recht auf die Pointe als allzu stimmigem Schluß wird heute zumeist verzichtet. So wie moderne und zeitgenössische Gedichte es vorziehen, in der Subdominante zu verharren anstatt sich in die Tonika aufzulösen, um erneut Begriffe aus der Harmonielehre zu verwenden, so wird spätestens seit Einsetzen der Moderne weniger bündige Abgeschlossenheit denn Offenheit angestrebt, nicht zuletzt an den äußersten Punkten des Gedichts. So kann eine Konjunktion wie »und« oder wie »oder« den Anfang ins Unbestimmte vorverlegen und suggerieren, daß der eigentliche Beginn bereits viel weiter zurückliegt, der Leser also an einem Punkt hinzutritt, an dem das Gedicht selbst schon seit geraumer Zeit seinen Gang geht: »Und plötzlich nimmst du/die Fahrt wieder auf«, läßt Ungaretti seine »Freude der Schiffbrüche« beginnen.[99] »Und ich nahm sie mit zum Flusse«, hebt Lorca in seinem Gedicht »Die untreue Frau« an[100] – beide geben uns zu verstehen, daß eine Handlung vor der Handlung stattgefunden haben muß.

Was den Schluß betrifft, so kann es schon genügen, einen Doppelpunkt statt eines Punktes als Satzzeichen zu verwenden, wie der italienische Dichter Edoardo Sanguineti es gelegentlich tat. Erwähnt werden muß aber auch das poetische Fragment, das ja kein Versagen des Dichters als vielmehr Teil des lyrischen Formenschatzes ist: Bei Coleridge, dessen »Kubla Khan«-Poem am Anfang dieser Überlegungen stand und dessen Vorgeschichte, der Rausch, der Traum und sogar der Bote aus Porlock als Teil eines

99 Giuseppe Ungaretti: *Gedichte.* Frankfurt am Main 1995, S. 67.

100 Federico García Lorca: *Die untreue Frau,* in: Hans Magnus Enzensberger (Hg.): *Museum der modernen Poesie.* Frankfurt am Main 2002, S. 379.

Gesamtkunstwerks gelten müssen, aber auch in einem Fragment aus dem zwanzigsten Jahrhundert, in Inger Christensens epochalem Langgedicht »Alphabet«, dessen Anfangsworte »Die Aprikosenbäume gibt es« einen unwiderstehlichen Zauber ausüben. In Christensens »Alphabet« wirkt der Schluß stimmig, ja: schlüssig, obwohl er Teil eines Fragments ist und somit keiner sein kann, basiert doch dieses Poem auf den formalen Vorgaben des Alphabets einerseits und der mathematischen Fibonacci-Reihe andererseits, bei der durch Addition zweier Zahlen die jeweils folgende Zahl ermittelt wird und rasch immer größere Summen, bei Christensen immer mehr Zeilen pro Abschnitt entstehen. So bricht das Poem mit dem Buchstaben N, dem sich unüberschaubar lange Kapitel anschließen müßten, ab. Die letzte Zeile dieses Abschnitts (»doch kinder sind sie nicht/ niemand trägt sie mehr«[101]) signalisiert ein Ende, wo keines sein kann – so daß sowohl »Kubla Khan« als auch »Alphabet« dem Leser beides geben, einen befriedigenden Schluß und die Gewißheit, daß mit diesem Schluß kein Ende erreicht ist.

Mit welch subtilen Kunstgriffen ein solcher Effekt auch bei Gedichten erzielt wird, die nicht als Fragment gekennzeichnet werden, haben Auden, Bishop und Born vorgeführt, und Ähnliches ließe sich in vielen weiteren Gedichten moderner und zeitgenössischer Lyriker beobachten. Man denke an einen verspielten Dichter wie Paul Muldoon, der den vierzehn Zeilen eines Sonetts eine zusätzliche halbe Zeile folgen läßt, so die Erwartung des Lesers gleichzeitig erfüllt und bricht und das Sonett ins

101 Inger Christensen: *alfabet/alphabet.* Münster 2001, S. 143–144.

Unabsehbare weiterdenkt.[102] Les Murray ruft in einer abschließenden Zeile Haubentauben und Rosellapapageien herbei, die, heißt es, »so fliegen: die Flügel zu, dann schlagend und wieder zu«,[103] womit – zu, auf, zu – eine Bewegung vorgegeben ist, die man als Leser weiterzudenken gedrängt wird, eine Art feinsprachliches, feinmechanisches *perpetuum mobile;* und Larkins »Whitsun Weddings« enden mit »A sense of falling, like an arrow-shower/Sent out of sight, somewhere becoming rain«[104]: Auch dieser Regen aus Pfeilen wird erst noch niedergehen, er liegt bei jeder Lektüre erneut in der Zukunft. All diese Zeilen sind Beispiele für eine Kunst des Aufhörens, ohne aufzuhören, und sie werden der doppelten Bedeutung des Wortes »aufgehen« gerecht: Gehen sie doch auf, indem sie stimmig sind, wohlkalkuliert auf ihre letzte Zeile zulaufen, und gleichzeitig gehen sie an diesem letzten Punkt, den sie erreichen, auch anders auf: indem sie sich öffnen.

Daß alles enden muß, daß wir alle enden müssen, ist ja Skandal genug. Wie wunderbar also, wenn es wenigstens dem Gedicht gelingt, seinen äußerst begrenzten Raum zu weiten, mit den Spiegeltricks der Sprache Dauer in all der Flüchtigkeit, seiner Flüchtigkeit, wenigstens zu suggerieren. Wo dies gelänge, wäre es schon viel – gerade in einer Kunstform wie der Lyrik, deren Anhänger und Verteidiger, sofern sie selber Verse verfassen, bei ihrer Arbeit kaum auf Kontinuität hoffen können. Es fängt mit der Betrachtung eines Bildes von Breughel an, eines Fisches, einer Wolke,

102 Paul Muldoon: *Poems 1968–1998.* London 2001, S. 173.

103 Les Murray: *Ein ganz gewöhnlicher Regenbogen.* München 1996, S. 82.

104 Philip Larkin: *Collected Poems.* London 1988, S. 116.

einer griechischen Vase, es fängt an mit dem Staunen über Aprikosenbäume, Kraniche, Kaffeetassen, Pilze und Wandspiegel, über nichts als einen Türknauf vielleicht – aber wird es erneut gelingen, wird es auch beim nächsten Versuch zum Ereignis der Poesie kommen? In den Augen anderer Menschen ist ein Dichter, wie W. H. Auden so treffend sagte, jemand, der irgendwann einmal ein gutes Gedicht geschrieben hat: »In seinen eigenen Augen« aber, so Auden, »ist er nur in genau jenem Augenblick ein Dichter, in dem er ein neues Gedicht ein allerletztes Mal und abschließend überprüft. In dem Moment zuvor war er nur ein potentieller Dichter; in dem Moment danach ist er bereits ein Mann, der aufgehört hat, Gedichte zu schreiben, und das vielleicht für immer.«[105] Man kann nur hoffen, daß jedes Ende erneut ein Beginn ist.

105 W. H. Auden: *Making, Knowing and Judging,* in: ders.: *The Dyer's Hand.* New York 1989, S. 41.

giersch

nicht zu unterschätzen: der giersch
mit dem begehren schon im namen – darum
die blüten, die so schwebend weiß sind, keusch
wie ein tyrannentraum.

kehrt stets zurück wie eine alte schuld,
schickt seine kassiber
durchs dunkel unterm rasen, unterm feld,
bis irgendwo erneut ein weißes wider-

standsnest emporschießt. hinter der garage,
beim knirschenden kies, der kirsche: giersch
als schäumen, als gischt, der ohne ein geräusch

geschieht, bis hoch zum giebel kriecht, bis giersch
schier überall sprießt, im ganzen garten giersch
sich über giersch schiebt, ihn verschlingt mit nichts als giersch.

ein pferd

„The well-aimed phrase is a whip
your poem a horse.“
(Michael Donaghy, nach Lu Chi)

ist es ein fuchs, ein schimmel oder rappe,
hengst oder stute,
was durch den garten trabt und am rhabarber
zugange ist, an der lavendelstaude?
was dort über die triplebarre
hinwegsetzt, nur um in der mitte
des schlachtfelds zu landen, vor den karren
mit fässern und die goldene pyramide

aus heu gespannt? das kaltblut,
das aus brabant ein kiloschweres herz
heranschleppt und das V, den leichten pflug
der wildgänse, oder der lippizaner, der als schwärze

geboren wird, der über alle felder
hinwegzutänzeln weiß und immer weißer,
der zum triumph wird, alle welt ins schach stellt,
blendend wie das schnupftuch eines kaisers?

versteht sich: sämtliche zweihundert-
undzweiundfünfzig knochen kannst du noch im schlaf
zusammensetzen, weißt vom huftritt,
erkenntnishart, der präzision im schweif,

den schemen, die sich nachts graubraun
am zaun der weide reiben, hü und brr,

hörst das erstickte wiehern in den gräbern
der pharaonen und eroberer.

und doch bist du jetzt hier, rot wie ein bier-
kutscher und fluchend, mit dem zuckerstück
genialität in deiner tasche und dem tier,
das weder vor geht noch zurück,

nicht reagiert auf deine gerte
und auch nicht auf die möhre, die am band
vor seinen nüstern baumelt wie die kerze
vor der ikone. rühr dich, sagst du bebend.

es rührt sich nicht. es steht da, sieht ins land.

koalas

so viel schlaf in nur einem baum,
so viele kugeln aus fell
in all den astgabeln, eine bohème
der trägheit, die sich in den wipfeln hält und hält

und hält mit ein paar klettereisen
als krallen, nie gerühmte erstbesteiger
über den flötenden terrassen
von regenwald, zerzauste stoiker,

verlauste buddhas, zäher als das gift,
das in den blättern wächst, mit ihren watte-
ohren gegen lockungen gefeit
in einem winkelchen von welt: kein water-

loo für sie, kein gang nach canossa.
betrachte, präge sie dir ein, bevor es
zu spät ist – dieses sanfte knauser-
gesicht, die miene eines radrennfahrers

kurz vorm etappensieg, dem grund entrückt,
und doch zum greifen nah ihr abgelebtes
grau –, bevor ein jeder wieder gähnt, sich streckt,
versinkt in einem traum aus eukalyptus.

schlehen

was war so blau wie abende im herbst
oder schwarz wie die bibel? hing durch nebelschleier,
oktoberschauer, war so herbe, herbst,
daß alles sich zusammenzog? die schlehe.

wir zogen ihnen nach dem ersten frost
am waldrand entgegen: busch um busch barbaren,
verschanzt hinter den dornen – und vereist
der boden, wo wir knieten, nach den beeren

zu tasten, ihrer zarten und damas-
tenen haut, um vorsichtig hineinzugreifen,
zu suchen wie der ungläubige thomas
im wundmal. zeit genug, um abzuschweifen,

an anderes zu denken – an osmose,
die nächste klassenarbeit, nylonstrümpfe,
an nina wriggers' brüste und den kosmos,
der irgendwann in naher zukunft seine
        grenze, jenen punkt der größtmöglichen
        ausdehnung erreichen und zu schrumpfen

beginnen würde, himmel, länder, schule
und stadt, wir selber, bis die ganze welt
von nichts als einem zweiglein hinge: schlehe.
kein wunder, wie schwer die eimer waren, gefüllt

mit tiefster bläue. hinter uns die sträucher –
ein text, fast ganz befreit von den vokalen,
ein dickicht, ein paar wirre federstriche.
die reste überließen wir den vögeln.

anna

wir wußten alles über ihre scharte,
doch nichts von freunden oder von gemahlen,
nichts von den briefen unter ihren händen,
nach lilien duftend und mit einer weichen
schrift bedeckt, bis sie den umschlag glattstrich,
ein angelecktes präsidentenhaupt

in eine ecke klebte. wie uns überhaupt
nur eines interessierte: ihre scharte,
der kratermund, der dünne lavastrich
hinauf zum nasenloch; uns auszumalen
wie nachts die menschliche gestalt zu weichen
begann und wie sie schrumpfte, aus den händen

zwei pfoten wuchsen und sie mit behenden
sprüngen den weg hinunter, durch das haupt-
tor hoppelte, die fellbedeckten weichen
vor kälte zitternd, und nach wurzeln scharrte,
um sie mit hasenzähnen zu zermahlen,
während der mond als sichelscharfer strich

erschien oder mongolisch um die häuser strich.
wir suchten nach der erde an den händen,
nach gräserflecken, irgendwelchen malen;
wir wollten wissen, was sich nur behaupt-
en ließ, doch nichts – nur jene scharte
wollte partout nicht von der lippe weichen.

anna im hof, ein laken einzuweichen,
das dann als falter von dem blauen strich

der wäscheleine hing; anna, scharte-
ken lesend, groschenhefte in den händen
oder im roten kleid, bezopft, behaubt
und wie zuvor schon zu so vielen malen

dabei, sich ihre lippen anzumalen,
bevor sie mit dem koffer über weichen
und schienenstränge richtung haupt-
bahnhof verschwand. wie zäh die zeit verstrich –
bis sie am montag heimkam, wie von händen
getragen, näselnd sang durch ihre scharte,

und uns beim kaffeemahlen um sich scharte,
erst übers haupt und dann die brote strich
mit ihren weichen, weißen butterhänden.

laken

großvater wurde einbalsamiert
in seines und hinausgetragen,
und ich entdeckte ihn ein jahr später,
als wir die betten frisch bezogen,
zur wespe verschrumpelt, winziger
pharao eines längst vergangenen sommers.

so faltete man laken: die arme
weit ausgebreitet, daß man sich zu spiegeln
begann über die straff gespannte fläche
hinweg; der wäschefoxtrott dann, bis schritt
um schritt ein rechteck im nächstkleineren
verschwand, bis sich die nasen fast berührten.

alles konnte verborgen sein
in ihrem schneeigen innern: ein leerer
flakon mit einem spuk parfum, ein paar
lavendelblüten oder wiesenblumen,
ein groschen oder ab und zu ein wurf
von mottenkugeln in seinem nest.

fürs erste aber ruhten sie, stumm
und weiß in ihren schränken, ganze
stapel von ihnen, eingelegt in duft,
gemangelt, gebügelt, gestärkt,
und sorgfältig gepackt wie fallschirme
vor einem sprung aus ungeahnten höhen.

aus dem nordschwedischen winter

für Simon Armitage

und irgendwann entschied er, einfach stehen-
    zubleiben, stand,
während der motor einfror, ein paar letzte
    signale sandte.

er sah am glas die partitur der flocken,
    den dichten schneefall,
sah, wie das land in seinem fell herankroch,
    am wagen schnüffel-

te – reifen, felgen erst, dann türen, griffe
    und seitenspiegel.
ein elch trug sein geweih vorbei, verschwand
    in einem hügel.

während er saß, das weiß betrachtete,
    verzweigte sich
sein denken, wurde leichter, wurde kalt
    und sechseckig.

wie sich die dinge von den namen lösten,
    wege und birken,
und er mit buddhalächeln erstmals ganz
    und gar geborgen,

als sich die decke endlich schloß: die stille,
    ein enzian-
licht, kurze dämmerungen, tage, nächte
    nichts als nuancen;

der puls, der träge wurde, apfelreste,
    ein schlafsack, decken,
sein griff durchs fenster ab und zu, um etwas
    vom schnee zu pflücken,

und vorn am fahrersitz der immer noch
    im zündschloß stecken-
de schlüssel, fremd und schimmernd wie der schmuck
    eines azteken.

als sie ihn endlich fanden, war der winter
    schon fast vorbei,
sein wagen ein oval, umschalt von harsch,
    ein riesenei,

nur mühsam aufzuschlagen. was herauskam,
    verklebt und schmächtig,
war nicht von dieser welt, doch auch des fliegens
    noch nicht ganz mächtig.

giovanni gnocchi am violoncello

giovanni gnocchi spielt bach, während draußen
der sommer ist, die hitze, die stadt.
die göttlichste hummel aber ist hier,
verirrt im kühlen saal, fliegt träge
von note zu note, von blatt zu blatt.

giovanni gnocchi spielt bach, aber bach
spielt auch ihn, läßt seine finger klettern
wie blasse matrosen in der takelage,
während draußen die hitze ist, juli, die stadt.
und alles setzt segel. und alles legt ab.

(Alle Gedichte aus: Jan Wagner: *Regentonnenvariationen*. Hanser Berlin, Berlin 2014.)

Über den Autor

Photo JOSEF AUER

Jan Wagner, geboren 1971 in Hamburg, lebt seit 1995 in Berlin. Lyriker, Übersetzer englischsprachiger Lyrik (Charles Simic, James Tate, Simon Armitage, Matthew Sweeney, Michael Hamburger, Robin Robertson, Tim Turnbull u. v. a.), freier Rezensent für Tageszeitungen und den Rundfunk sowie bis 2003 Mitherausgeber der internationalen Literaturschachtel *Die Aussenseite des Elementes.* Für seine Gedichte, die für Auswahlbände, Zeitschriften und Anthologien in dreißig Sprachen übersetzt wurden, erhielt er neben Stipendien (u. a. 2002 im Künstlerhaus Edenkoben, 2004 mit dem Heinrich-Heine-Stipendium in Lüneburg, 2008 als »writer-in-residence« am Oberlin College in Ohio, USA, und 2011 in der Deutschen Akademie Rom/Villa Massimo) den Hamburger Förderpreis für Literatur (2001), den Förderpreis zum Hermann-Hesse-Preis (2001), den Christine-Lavant-Publikumspreis (2003), den Alfred Gruber Preis (2004), den Mondseer Lyrikpreis (2004), den Anna-Seghers-Preis (2004), den Ernst-Meister-Preis (2005), den ersten Arno-Reinfrank-Literaturpreis (2006), den ersten Wilhelm-Lehmann-Preis (2009), das Stipendium zum Lessing-Preis der Freien und Hansestadt Hamburg (2009), den Friedrich-Hölderlin-Preis der Stadt Tübingen (2011), den Kranichsteiner Literaturpreis (2011) sowie den Paul Scheerbart-Preis (2013). Seit 2000 zahlreiche Lesungen im deutschsprachigen Raum und im Ausland, als Einzelveranstaltungen in Literaturhäusern, Goethe-Instituten, Buchhandlungen oder im Rahmen von Lyrikfestivals, so u. a. »Poetry International“ in Rotterdam und »Amsterdam Literary Festival« (Niederlande), »Festival Internacional de Poesía de Medellín« (Kolumbien), »Days of Poetry and Wine“ in Medana und »Vilenica Poesiefestival« (beide Slowenien), »Poetry Parnassus« (England), »Brisbane Writers Festival« (Australien), »Struga Poetry Nights« (Mazedonien), »Ars Poetica« in Bratislava (Slowakei), »Druskininkai Poetic Fall« (Litauen), »Meridian« (Czernovitz, Ukraine), »Deutsch-israelische Literaturtage« (Tel Aviv und Jerusalem, Israel), »Novi Sad Poesiefestival« (Serbien), »Kenyon Review Literary Festival« in Gambier (Ohio, USA), »Lectures-sous-l'arbre« in Le-Chambon-sur-Lignon (Frankreich), »International Writers' Reunion« in Lahti (Finnland), »Ernst-Jandl-Tage« in Neuberg a. d. Mürz (Österreich), Literaturfest Salzburg, Literaturfest München, Lyrikertreffen Münster und Poesiefestival Berlin. Jan Wagner ist Mitglied der Deutschen Akademie für Sprache und Dichtung, der Bayerischen Akademie der Schönen Künste, der Akademie der Wissenschaften und der Literatur Mainz sowie des P.E.N.-Zentrums Deutschland.

Selbständige Veröffentlichungen

Lyrik

Probebohrung im Himmel. Gedichte. Berlin, Berlin Verlag, 2001.

Guerickes Sperling. Gedichte. Berlin, Berlin Verlag, 2004.

Achtzehn Pasteten. Gedichte. Berlin, Berlin Verlag, 2007.

Von den Ölbäumen. Gedichte. Kyparissia und Berlin 2008 [mit Kaltnadelarbeiten von Robert Weber und einem Prosagedicht von Uwe Kolbe].

Australien. Gedichte. Berlin, Berlin Verlag, 2010.

Die Eulenhasser in den Hallenhäusern. Drei Verborgene. Gedichte. Berlin, Hanser Berlin, 2012.

Regentonnenvariationen. Gedichte. Berlin, Hanser Berlin, 2014.

Essays

Die Sandale des Propheten. Beiläufige Prosa. Essays. Berlin, Berlin Verlag, 2011.

Der verschlossene Raum. Münchner Rede zur Poesie. Hrsg. von Maria Gazzetti und Frieder von Ammon. München, Stiftung Lyrik Kabinett, 2012.

Lyrikübersetzungen

Charles Simic: *Grübelei im Rinnstein. Gedichte.* München, Carl Hanser Verlag, 2000 [mit Hans Magnus Enzensberger, Michael Krüger und Rainer G. Schmidt].

James Tate: *Der falsche Weg nach Hause. Ausgewählte Gedichte.* Berlin, Berlin Verlag, 2004.

Matthew Sweeney: *Rosa Milch. Gedichte.* Berlin, Berlin Verlag, 2008.

Tim Turnbull: *Es lebt!! Gedichte.* Basel/Weil am Rhein, Urs Engeler Editor, 2009 [mit Norbert Hummelt, Birgit Kempker, Norbert Lange, Ulf Stolterfoht, Hans Thill].

Michael Hamburger: *Letzte Gedichte.* Wien, folio Verlag, 2009 [mit Iain Galbraith, Klaus Anders, Uwe Kolbe, Franz Wurm].

Dan Chiasson: *Naturgeschichte. Gedichte.* Frankfurt am Main, luxbooks, 2009.

Laurynas Katkus: *Alle Richtungen.* Ottensheim, Edition Thanhäuser, 2009 [mit Cornelius Hell].

Simon Armitage: *Zoom!* Berlin, Berlin Verlag, 2011.

Robin Robertson: *Am Robbenkap.* München, Carl Hanser Verlag, 2013.

Als Herausgeber

Thomas Girst / Jan Wagner (Hrsg.): *Die Aussenseite des Elementes,* Nr. 5 bis Nr. 11. Berlin 1997–2003.

Björn Kuhligk / Jan Wagner (Hrsg.): *Lyrik von Jetzt. 74 Stimmen.* Köln, DuMont Literatur- und Kunstverlag, 2003.

Björn Kuhligk / Jan Wagner (Hrsg.): *Lyrik von Jetzt Zwei. 50 Stimmen.* Berlin, Berlin Verlag, 2008.

Christoph Buchwald / Jan Wagner (Hrsg.): *Jahrbuch der Lyrik 2013.* Frankfurt, DVA, 2013.

THEMEN – Eine Publikationsreihe der Carl Friedrich von Siemens Stiftung

In der Reihe *Themen* wird eine kleine Auswahl der im Wissenschaftlichen Programm der Carl Friedrich von Siemens Stiftung gehaltenen Vorträge in teilweise überarbeiteter und erweiterter Form veröffentlicht. Die Publikationen können von der Stiftung direkt bezogen werden. Vergriffene Bände sind mit dem Vermerk *vgr* gekennzeichnet.

1 Reinhard Raffalt: *Das Problem der Kontaktbildung in der zeitgenössischen Gesellschaft.* 1960. 2. Auflage 1970. 20 S. *vgr*

2 Kurd von Bülow: *Über den Ort des Menschen in der Geschichte der Erde.* 1961. 2. Auflage 1970. 32 S. *vgr*

3 Albert Maucher: *Über das Gespräch.* 1961. 2. Auflage 1970. 22 S. *vgr*

4 Felix Messerschmid: *Das Problem der Planung im Bereich der Bildung.* 1961. 2. Auflage 1970. 34 S.

5 Peter Dürrenmatt: *Das Verhältnis der Deutschen zur Wirklichkeit der Politik.* 1963. 2. Auflage 1970. 40 S. *vgr*

6 Fumio Hashimoto: *Die Bedeutung des Buddhismus für den modernen Menschen.* 1964. 2. Auflage 1970. 36 S. *vgr*

7 Clemens-August Andreae: *Leben wir in einer Überflußgesellschaft?* 1965. 2. Auflage 1970. 28 S. *vgr*

8 Rolf R. Bigler: *Möglichkeiten und Grenzen der Psychologischen Rüstung.* 1965. 2. Auflage 1970. 35 S.

9 Robert Sauer: *Leistungsfähigkeit von Automaten und Grenzen ihrer Leistungsfähigkeit.* 1965. 2. Auflage 1970. 32 S. *vgr*

10 Hubert Schrade: *Die Wirklichkeit des Bildes.* 1966. 66 S. *vgr*

11 Wilhelm Lehmann: *Das Drinnen im Draußen oder Verteidigung der Poesie.* 1968. 24 S. *vgr*

12 Richard Lange: *Die Krise des Strafrechts und seiner Wissenschaften.* 1969. 46 S. *vgr*

13 Hellmut Diwald: *Ernst Moritz Arndt. Das Entstehen des deutschen Nationalbewußtseins.* 1970. 46 S. *vgr*

14 *Zehn Jahre Carl Friedrich von Siemens Stiftung.* 1970. 54 S. *vgr*

15 Ferdinand Seibt: *Jan Hus. Das Konstanzer Gericht im Urteil der Geschichte.* 1973. 58 S. *vgr*

16 Heinrich Euler: *Napoleon III. Versuch einer Deutung.* 1973. 82 S. *vgr*

17 Günter Schmölders: *Carl Friedrich von Siemens. Vom Leitbild des großindustriellen Unternehmers.* 1973. 64 S. *vgr*

18 Ulrich Hommes: *Entfremdung und Versöhnung. Zur ideologischen Verführung des gegenwärtigen Bewußtseins.* 1973. 50 S. *vgr*

19 Dennis Gabor: *Holographie 1973.* 1974. 52 S.

20 Wilfried Guth: *Geldentwertung als Schicksal?* 1974. 44 S.

21 Hans-Joachim Queisser: *Festkörperforschung.* 1975. 2. Auflage 1976. 64 S. *vgr*

22 Ekkehard Hieronimus: *Der Traum von den Urkulturen.* 1975. 2. Auflage 1984. 54 S. *vgr*

23 Julien Freund: *Georges Sorel.* 1977. 76 S. *vgr*

24 Otto Kimminich: *Entwicklungstendenzen des gegenwärtigen Völkerrechts.* 1976. 2. Auflage 1977. 52 S.

25 Hans-Joachim Hoffmann-Nowotny: *Umwelt und Selbstverwirklichung als Ideologie.* 1977. 42 S. *vgr*

26 Franz C. Lipp: *Eine europäische Stammestracht im Industriezeitalter. Über das Vorder- und Hintergründige der bayerisch-österreichischen Trachten.* 1978. 43 S. *vgr*

27 Christian Meier: *Die Ohnmacht des allmächtigen Dictators Caesar.* 1978. 108 S. *vgr*

28 Stephan Waetzoldt und Alfred A. Schmid: *Echtheitsfetischismus? Zur Wahrhaftigkeit des Originalen.* 1979. 72 S. *vgr*

29 Max Imdahl: *Giotto. Zur Frage der ikonischen Sinnstruktur.* 1979. 60 S. *vgr*

30 Hans Frauenfelder: *Biomoleküle. Physik der Zukunft?* 1980. 2. Auflage 1984. 53 S. *vgr*

31 Günter Busch: *Claude Monet »Camille«. Die Dame im grünen Kleid.* 1981. 2. Auflage 1984. 50 S.

32 Helmut Quaritsch: *Einwanderungsland Bundesrepublik Deutschland? Aktuelle Reformfragen des Ausländerrechts.* 1981. 2. Auflage 1982. 92 S. *vgr*

33 Armand Borel: *Mathematik: Kunst und Wissenschaft.* 1982. 2. Auflage 1984. 58 S. *vgr*

34 Thomas S. Kuhn: *Was sind wissenschaftliche Revolutionen?* 1982. 2. Auflage 1984. 62 S. *vgr*

35 Peter Claus Hartmann: *Karl VII.* 1982. 2. Auflage 1984. 60 S.

36 Frédéric Durand: *Nordistik. Einführung in die skandinavischen Studien.* 1983. 104 S.

37 Hans-Martin Gauger: *Der vollkommene Roman: »Madame Bovary«.* 1983. 2. Auflage 1986. 70 S. *vgr*

38 Werner Schmalenbach: *Das Museum zwischen Stillstand und Fortschritt.* 1983. 47 S.

39 Wolfram Eberhard: *Über das Denken und Fühlen der Chinesen.* 1984. 2. Auflage 1987. 48 S.

40 Walter Burkert: *Anthropologie des religiösen Opfers.* 1984. 2. Auflage 1987. 64 S.

41 Christopher Freeman: *Die Computerrevolution in den langen Zyklen der ökonomischen Entwicklung.* 1985. 57 S. *vgr*

42 Benno Hess und Peter Glotz: *Mensch und Tier. Grundfragen biologisch-medizinischer Forschung.* 1985. 60 S. *vgr*

43 Hans Elsässer: *Die neue Astronomie.* 1986. 64 S. *vgr*

44 Ernst Leisi: *Naturwissenschaft bei Shakespeare.* 1988. 124 S.

45 Dietrich Murswiek: *Das Staatsziel der Einheit Deutschlands nach 40 Jahren Grundgesetz.* 1989. 56 S. *vgr*

46 François Furet: *Zur Historiographie der Französischen Revolution heute.* 1989. 50 S. *vgr*

47 Ernst-Wolfgang Böckenförde: *Zur Lage der Grundrechtsdogmatik nach 40 Jahren Grundgesetz.* 1990. 86 S. *vgr*

48 Christopher Bruell: *Xenophons Politische Philosophie.* 1990. 2. Auflage 1994. 71 S. *vgr*

49 Heinz-Otto Peitgen und Hartmut Jürgens: *Fraktale. Gezähmtes Chaos.* 1990. 70 S. mit 25 Abb. und 4 Farbtafeln. *vgr*

50 Ernest L. Fortin: *Dantes »Göttliche Komödie« als Utopie.* 1991. 62 S. mit 8 Abb.

51 Ernst Gottfried Mahrenholz: *Die Verfassung und das Volk.* 1992. 58 S. *vgr*

52 Jan Assmann: *Politische Theologie zwischen Ägypten und Israel.* 1992. 2. Auflage 1995. 122 S. 3., erweiterte Auflage 2006. 138 S.

53 Gerhard Kaiser: *Fitzcarraldo Faust. Werner Herzogs Film als postmoderne Variation eines Leitthemas der Moderne.* 1993. 74 S. mit 1 Abb. *vgr*

54 Paul A. Cantor: *»Macbeth« und die Evangelisierung von Schottland.* 1993. 88 S.

55 Walter Burkert: *»Vergeltung« zwischen Ethologie und Ethik.* 1994. 48 S. *vgr*

56 Albrecht Schöne: *Fausts Himmelfahrt. Zur letzten Szene der Tragödie.* 1994. 40 S. *vgr*

57 Seth Benardete: *On Plato's »Symposium« – Über Platons »Symposion«.* 1994. 2. Auflage 1999. 106 S. 3. Auflage 2012. 110 S. mit einer Farbausschlagtafel.

58 Yosef Hayim Yerushalmi: *»Diener von Königen und nicht Diener von Dienern«. Einige Aspekte der politischen Geschichte der Juden.* 1995. 62 S. *vgr*

59 Stefan Hildebrandt: *Wahrheit und Wert mathematischer Erkenntnis.* 1995. 60 S. mit 12 Abb.

60 Dieter Grimm: *Braucht Europa eine Verfassung?* 1995. 58 S. *vgr*

61 Horst Bredekamp: *Repräsentation und Bildmagie der Renaissance als Formproblem.* 1995. 84 S. mit 32 Abb.

62 Paul Kirchhof: *Die Verschiedenheit der Menschen und die Gleichheit vor dem Gesetz.* 1996. 80 S. *vgr*

63 Ralph Lerner: *Maimonides' Vorbilder menschlicher Vollkommenheit.* 1996. 50 S. mit 5 Abb.

64 Hasso Hofmann: *Bilder des Friedens oder Die vergessene Gerechtigkeit. Drei anschauliche Kapitel der Staatsphilosophie.* 1997. 2. Auflage 2008. 98 S. mit 36 Abb.

65 Ernst-Wolfgang Böckenförde: *Welchen Weg geht Europa?* 1997. 60 S.

66 Peter Gülke: *Im Zyklus eine Welt. Mozarts letzte Sinfonien.* 1997. 64 S. mit 2 Abb. und 9 Notenbeispielen. *vgr*

67 David E. Wellbery: *Schopenhauers Bedeutung für die moderne Literatur.* 1998. 70 S.

68 Klaus Herding: *Freuds »Leonardo«. Eine Auseinandersetzung mit psychoanalytischen Theorien der Gegenwart.* 1998. 80 S. mit 7 Abb. *vgr*

69 Jürgen Ehlers: *Gravitationslinsen. Lichtablenkung in Schwerefeldern und ihre Anwendungen.* 1999. 58 S. mit 15 Abb. und 4 Farbtafeln.

70 Jürgen Osterhammel: *Sklaverei und die Zivilisation des Westens.* 2000. 2. Auflage 2009. 74 S. mit 1 Abb.

71 Lorraine Daston: *Eine kurze Geschichte der wissenschaftlichen Aufmerksamkeit.* 2001. 60 S. mit 7 Abb. *vgr*

72 John M. Coetzee: *The Humanities in Africa – Die Geisteswissenschaften in Afrika.* 2001. 98 S.

73 Georg Kleinschmidt: *Die plattentektonische Rolle der Antarktis.* 2001. 86 S. mit 20 Abbildungen, 16 Farbtafeln und einer Ausschlagtafel.

74 Ernst Osterkamp: *»Ihr wisst nicht wer ich bin« – Stefan Georges poetische Rollenspiele.* 2002. 60 S. mit 5 Abb.

75 Peter von Matt: *Ästhetik der Hinterlist. Zu Theorie und Praxis der Intrige in der Literatur.* 2002. 62 S.

76 Seth Benardete: *Socrates and Plato. The Dialectics of Eros – Sokrates und Platon. Die Dialektik des Eros.* 2002. 98 S. mit 1 Abb.

77 Robert Darnton: *Die Wissenschaft des Raubdrucks. Ein zentrales Element im Verlagswesen des 18. Jahrhunderts.* 2003. 82 S. mit 3 Abb.

78 Michael Maar: *Sieben Arten, Nabokovs »Pnin« zu lesen.* 2003. 74 S.

79 Michael Theunissen: *Schicksal in Antike und Moderne.* 2004. 72 S.

80 Paul Zanker: *Die Apotheose der römischen Kaiser. Ritual und städtische Bühne.* 2004. 86 S. mit 31 Abb.

81 Glen Dudbridge: *Die Weitergabe religiöser Traditionen in China.* 2004. 64 S. mit 8 Farbtafeln.

82 Heinrich Meier: *»Les rêveries du Promeneur Solitaire«. Rousseau über das philosophische Leben.* 2005. 68 S. 2. Auflage 2010. 70 S. mit 12 Abb.

83 Jean Bollack: *Paul Celan unter judaisierten Deutschen.* 2005. 70 S.

84 Rudolf Smend: *Julius Wellhausen. Ein Bahnbrecher in drei Disziplinen.* 2006. 72 S. mit 4 Tafeln.

85 Martin Mosebach: *Die Kunst des Bogenschießens und der Roman. Zu den »Commentarii« des Heimito von Doderer.* 2006. 74 S. mit 13 Abb.

86 Ernst-Wolfgang Böckenförde: *Der säkularisierte Staat. Sein Charakter, seine Rechtfertigung und seine Probleme im 21. Jahrhundert.* 2007. 82 S.

87 Marie Theres Fögen: *Das Lied vom Gesetz.* 2007. 140 S. mit 5 Abb.

88 Helen Vendler: *Primitivismus und das Groteske. Yeats' »Supernatural Songs«.* 2007. 88 S. mit 8 Abb.

89 Winfried Menninghaus: *Kunst als »Beförderung des Lebens«. Perspektiven transzendentaler und evolutionärer Ästhetik.* 2008. 70 S.

90 Horst Bredekamp: *Der Künstler als Verbrecher. Ein Element der frühmodernen Rechts- und Staatstheorie.* 2008. 90 S. mit 25 Abb.

91 Horst Dreier: *Gilt das Grundgesetz ewig? Fünf Kapitel zum modernen Verfassungsstaat.* 2009. 128 S. mit 6 Abb.

92 Ernst Osterkamp: *Die Pferde des Expressionismus. Triumph und Tod einer Metapher.* 2010. 74 S. mit 10 Abb.

93 Gerhard Neumann: *Verfehlte Anfänge und offenes Ende. Franz Kafkas poetische Anthropologie.* 2011. 88 S.

94 Jürgen Stolzenberg: *»Seine Ichheit auch in der Musik heraustreiben«. Formen expressiver Subjektivität in der Musik der Moderne.* 2011. 102 S.

95 Heinrich Detering: *Die Stimmen aus dem Limbus. Bob Dylans späte Song Poetry.* 2012. 62 S.

96 Richard G. M. Morris: *Lernen und Gedächtnis. Neurobiologische Mechanismen.* 2013. 80 S. mit 7 Abb.

97 Jan Wagner: *Ein Knauf als Tür. Wie Gedichte beginnen und wie sie enden.* 2014. 80 S.

Außerhalb der Reihe sind erschienen:

1985 – 1995 Carl Friedrich von Siemens Stiftung – Zehnjahresbericht. 1996. 2. Auflage 1999. 144 S. mit 81 Abbildungen.

1995 – 2005 Carl Friedrich von Siemens Stiftung – Zehnjahresbericht. 2005. 174 S. mit 117 Abbildungen.

Notiz zur Zitierweise

Jan Wagner:
Ein Knauf als Tür
Wie Gedichte beginnen und wie sie enden.
München: Carl Friedrich von Siemens Stiftung, 2014
(Reihe »Themen«, Bd. 97).

ISBN 978-3-938593-21-9

Carl Friedrich von Siemens Stiftung
Südliches Schloßrondell 23
80638 München

Layout und Herstellung Udo Wiedemann
Druck Mayr Miesbach GmbH

Veröffentlichungen der Carl Friedrich von Siemens Stiftung

Heinrich Meier, Gerhard Neumann (Hg.)

Über die Liebe

Ein Symposion

München, Piper, 2000. 4. Auflage 2009. Serie Piper 3233
352 Seiten mit 10 Abbildungen. € 9,90 (D)

Gerhard Neumann
Lektüren der Liebe

Helen Fisher
Lust, Anziehung und Verbundenheit
Biologie und Evolution der menschlichen Liebe

Karl-Heinz Kohl
Gelenkte Gefühle
Vorschriftsheirat, romantische Liebe und Determinanten der Partnerwahl

Jean Starobinski
Fêtes galantes
Geburt und Niedergang einer Utopie der Liebe

Seth Benardete
Sokrates und Platon
Die Dialektik des *Eros*

Walter Haug
Tristan und Lancelot
Das Experiment mit der personalen Liebe im 12./13. Jahrhundert

Kurt Flasch
Liebe im *Decameron* des Giovanni Boccaccio

Peter von Matt
Versuch, den Himmel auf Erden einzurichten
Der Absolutismus der Liebe in Goethes *Wahlverwandtschaften*

Ulrich Pothast
Liebe und Unverfügbarkeit

Heinrich Meier
Epilog: Über Liebe und Glück

Friedrich Wilhelm Graf, Heinrich Meier (Hg.)

Der Tod im Leben
Ein Symposion

München, Piper, 2004. 3. Auflage 2009. Serie Piper 4271
352 Seiten mit 6 Abb. € 12,90 (D)

Friedrich Wilhelm Graf
Todesgegenwart

Ernst Tugendhat
Unsere Angst vor dem Tod

Jean-Claude Schmitt
Der Historiker, der Tod und die Toten

Norbert Schneider
Zeig mir das Spiel vom Tod
Sterben, Tote und Tod im Fernsehen und in ausgewählten Kinofilmen

Peter Gülke
»Senkrecht auf der Richtung vergehender Herzen«
Musik als Paradigma bejahter Vergänglichkeit

Peter von Matt
Tod und Gelächter
Der Tod als Faktor des Komischen in der Literatur

Christopher Bruell
Der Tod aus der Sicht der Philosophie

Peter H. Krammer
Kein Leben ohne Tod

Philippe Descola
Mit den Toten leben

Axel Michaels
Wohin mit den Ahnen?
Totenritual und Erlösung in indischen Religionen

Hans Ulrich Gumbrecht
Die Zukunft unseres Todes

Heinrich Meier
Epilog: Über Leben und Tod

Heinrich Meier (Hg.)

Über das Glück
Ein Symposion

München, Piper, 2008. 2. Auflage 2010. Serie Piper 5304
295 Seiten mit 5 Abb. € 9,95 (D)

Heinrich Meier
Prolog – Über das Glück

David E. Wellbery
Prekäres und unverhofftes Glück
Zur Glücksdarstellung in der klassischen deutschen Literatur

Ulrich Pothast
Glück und Unverfügbarkeit

Norbert Schwarz
Intuitive Annahmen über das glückliche Leben – und warum wir so wenig aus der Erfahrung lernen

Karl-Heinz Kohl
Der glückliche Wilde
Imagination oder Realität?

Peter von Matt
Glück als Ziel des Weltalls und der Literatur

Camille Paglia
Agonie und Ekstase
Das flüchtige Glück des abendländischen Künstlers

Lorraine Daston
Monomanie in der Wissenschaft

Christopher Bruell
Das Glück aus der Sicht der Philosophie

Heinrich Meier
Epilog – Über Glück und Unglück

Edition der
Carl Friedrich von Siemens
Stiftung

Friedrich Wilhelm Graf, Heinrich Meier (Hg.)

Politik und Religion
Zur Diagnose der Gegenwart

München, C.H. Beck, 2013
324 Seiten. Klappenbroschur. € 14,95

Friedrich Wilhelm Graf
Einleitung

Hans Ulrich Gumbrecht
Religion und Politik in den Vereinigten Staaten
Über die Geschichtlichkeit einer kulturellen Invariante

Gregory L. Freeze
Von der Entkirchlichung zur Laisierung
Staat, Kirche und Gläubige in Rußland

Hillel Fradkin
Die lange Suche nach dem Islamischen Staat
Religion und Politik im Islam
und die Dynamik der Gegenwart

Robert C. Bartlett
Religion und Politik
in der klassischen politischen Wissenschaft

Peter Schäfer
Theokratie: Die Herrschaft Gottes
als Staatsverfassung in der jüdischen Antike

Giorgio Agamben
Archäologie des Befehls

Hans Joas
Sakralisierung und Entsakralisierung
Politische Herrschaft und religiöse Interpretation

Jürgen Habermas
Politik und Religion

Heinrich Meier
Epilog – Politik, Religion und Philosophie